# 経営陣に伝えるための「税効果会計」と「財務諸表の視点」

太陽グラントソントン税理士法人
公認会計士 **荻窪 輝明** 著

税務研究会出版局

# は　し　が　き

　これまでも税効果会計に関する書籍がありましたが、その多くは、経理などの実務担当者が会計基準の理解を深めるため、実務に対応するために書かれた専門的な解説書でした。

　経営者、特に上場企業の経営者にとって、税効果会計は、現在や将来の業績に及ぼす影響が大きくなる可能性もあることから、その内容を理解しておくことは今後の経営戦略を立てる上で有益であるにもかかわらず、あまりに専門的な解説書では、内容が難しすぎるので、書籍等による学習は困難な分野の一つでした。このため、経理・財務といった管理部門の人材から経営者に対する説明は、口頭のみか、口頭内容を補足するために作成された資料を添える程度でしか行われてきませんでした。税効果会計という企業会計の代表的な分野に関し、経営者の学ぶ機会が十分に与えられていないのであれば、とても勿体ない、可能な限り分かりやすい形にして、税効果会計のポイントを伝えることはできないか？という思いで書き進めたのが本書です。

　本書は、経営者が最低限理解しておくべき税効果会計の内容、レベル感に絞ることで学習の効率性を高めるため、思い切って難解な部分を省略しています。難解な部分について理解できる方々は、より専門的な解説書や会計基準などの原文に触れることができる方々ですので、そうした書籍等に委ねることとしました。

　なお、学習に当たっては、後の章を読み進めるうちに理解できることもありますので、多少わからない箇所があってもどんどん読み進めてください。

　なお、経営者向けの書籍であることは、財務諸表の読み手のための書

籍ということです。経理・財務担当者が経営者に税効果会計を伝える際の参考書としても活用でき、実務書ながらも初学者が独力で学ぶこともできるような税効果会計の入門期のテキストというスタンスを取ることにしました。

また、本書の特徴として、会計や簿記の世界では当然の"仕訳"というものは一切登場しません。これも、普段から財務諸表に接している財務諸表作成担当者ではなく、財務諸表を読む側、分析する側の視点に立つ経営者ならではの感覚に近いスタンスで税効果会計に接して頂きたい、税効果会計の面白さを届けたいという思いによるものです。

ニュースで耳にする、社内で報告を受ける、監査法人がよく話題に出すような税効果会計は、今まで自分と無縁なものと感じていたが、意外にも企業経営にとって便利かもしれない、身近に感じた、これを機に会計の世界に足を踏み出したい、そうした経営者の方々が増えるようになれば幸いです。また、経営者に税効果会計の説明を行う実務担当者の負担が減ることに本書がつながるのであれば嬉しいです。

このほか、若手会計士の自己学習のため、税理士の顧問先での税効果会計導入に備える際の予備的学習のため、学生が会計基準を学ぶためのテキストとして活用するなど、税効果会計に興味を持つ様々な職業の方が本書を手に取って、税効果会計の使い手、担い手となっていただけることを願っています。

最後になりましたが、本書の出版に当たって大変なご尽力をいただきました税務研究会山根毅社長並びに出版局の皆様、特に企画段階から貴重な助言を頂いた奥田守氏、度重なる修正にも最後まで丁寧かつ快よく対応頂いた下山瞳氏に心から感謝いたします。

2019 年 3 月

荻窪　輝明

# 目　　次

## 第1章　経営者と税効果会計

1. 経営者から見た税効果会計の必要性 ……………………………… 2

　(1)　税効果会計を適用すると、B/S（バランスシート、貸借対照表）の数字が変動する ……………………………………… 3
　(2)　税効果会計は、業績の悪化（改善）要因となりうる ……… 4
　(3)　税効果会計に影響する要因は、経営者が意思決定していること、日々会社で起こっていること …………………… 6
　(4)　税効果会計はニュースなどで時に大々的に報じられる …… 6
　(5)　事業計画や業績予想などの業績管理上の数値にも税効果会計が関係する ……………………………………………… 7

2. 税効果会計とは？ ………………………………………………… 9

　(1)　税金の世界で使われる「課税所得」と企業会計で使われる「利益」とは違う！？ ……………………………………… 9
　(2)　税効果会計の適用がないP/Lの利益はどうなっているか …… 14
　(3)　税効果会計の意義 …………………………………………… 19

3. 経営者が知るべき税効果会計のポイント ……………………… 24

　(1)　P/Lの税引前利益に対する、法人税等、当期純利益の割合（率）を把握する ……………………………………… 24

(2)　繰延税金資産というB/Sの項目名の金額に気を付ける ················ 27
　(3)　会社の今おかれている状況によって、税効果会計の適用
　　　上の取扱いや適用範囲が異なる ························································ 29

**4. 税効果会計に影響を与える事象は何か** ···················································· 32

**5. 経営意思決定の際には税効果会計への影響を考える
　　習慣をつける** ································································································ 37

　　*COLUMN*　仕訳を使わずに会計を考える ················································ 44

# 第2章　税効果会計の業績インパクト

**1. 税効果会計が業績に与える影響とは** ························································ 46

　(1)　税効果会計は安定して業績の良い会社とそうではない会
　　　社で適用の範囲が異なる ················································································ 46

**2. 税効果会計で財務諸表のココが動く** ························································ 49

**3. 税効果会計に関係する代表的な勘定科目** ················································ 55

　(1)　税効果会計の仕組み ························································································ 55
　(2)　一時差異 ·············································································································· 56
　(3)　永久差異 ·············································································································· 65
　(4)　一時差異等の"等" ······················································································· 72
　(5)　将来減算一時差異と将来加算一時差異 ···················································· 75
　(6)　繰延税金資産・繰延税金負債と法人税等調整額 ·································· 77

① 税効果会計を適用する取引が1つのケース ────── 77
　　　② 税効果会計を適用する取引が複数あるケース ───── 83

4. 税効果会計と四半期・決算業績報告 ──────────────── 92

5. 税効果会計の業績予想への影響 ─────────────────── 94

　(1) 法人税等を計算するための税率の適用と、重要な項目
　　　の調整 ─────────────────────────────── 95

6. 税効果会計に与える事象の変化が毎期の業績にも影響する ─── 97

　　*COLUMN*　会計ビッグバン ──────────────────── 102

## 第3章　税効果会計の分類

1. 分類とは何か ─────────────────────────── 104

　(1) "分類"という税効果会計の適用範囲を決めるもの ────── 104
　(2) 繰延税金資産の回収可能性 ──────────────── 112

2. 分類の変更による税効果会計と業績に与える影響 ──── 119

3. 分類の変更に影響を及ぼす会計事象 ─────────── 121

　　*COLUMN*　会計にも限界はある ─────────────── 122

## 第4章　繰延税金資産の取崩し

1. 繰延税金資産を取り崩すと財務諸表はどうなるか ……… 124

2. 企業にどのようなことが起こると、繰延税金資産の取崩しが
   起こるか ……… 127
   - (1) 課税所得の十分性 ……… 127
   - (2) 分類変更による場合 ……… 130
   - (3) スケジューリング可能な一時差異とスケジューリング不
     能な一時差異など ……… 130

3. 繰延税金資産の取崩しがなぜ業績のマイナス要因になるのか ……… 132

   *COLUMN*　繰延税金資産・負債を英語でいうと ……… 135

## 第5章　税率と税効果会計

1. 法定実効税率とは ……… 138

2. 法人事業税の改正と、特別法人事業税・特別法人事業譲与税
   の新設 ……… 143

3. 税率と税効果会計との関係 ……… 148

4. 税率が変わると税効果会計にも影響を与える ……… 150

COLUMN　法定実効税率40％の時代は終わった ……………………… 153

## 第6章　税効果会計と注記表

1. 経営者が最低限知っておくべき、税効果会計注記のポイント ……… 156

　（1）繰延税金資産及び繰延税金負債の発生原因別の主な内訳 ……… 158

　（2）法定実効税率と税効果会計適用後の法人税等の負担率と
　　　の間に重要な差異があるときの、当該差異の原因となった
　　　主要な項目別の内訳 ………………………………………………… 160

　COLUMN　税務会計からの卒業 ……………………………………… 165

## 第7章　税効果会計と計算書類

1. 計算書類で使用される税効果会計 ……………………………………… 168

　（1）税効果会計に関する注記 ………………………………………… 170

　（2）決算短信と税効果会計 …………………………………………… 174

　COLUMN　有価証券報告書を読む力 ………………………………… 175

## 第8章　連結と税効果会計

1. 単体財務諸表と連結財務諸表の税効果会計 …………………………… 178

　（1）財務諸表の表示科目 ……………………………………………… 178

2. 関係会社がある場合、税効果会計に関して経営者が気にしておくべきこと ……………………………………………………… 183

　(1) 関係会社の税効果会計の適用状況を把握しておく ……………… 183
　*COLUMN*　税効果会計はなぜ難しいのか …………………………… 185

# 第9章　会計基準と税効果会計

1. 会計基準の新設、改正に伴う税効果会計の影響 ………………… 188

　(1) 新基準や改正基準 …………………………………………………… 188
　(2) 財務諸表の表示科目 ………………………………………………… 189
　(3) "原則として"の削除 ……………………………………………… 190
　(4) 注記情報 ……………………………………………………………… 191
　*COLUMN*　経営者の倫理観と公認会計士の使命 ……………………… 194

<凡　　例>

　本書において使用した省略用語は、それぞれ次に掲げる会計基準等を示します。

税効果会計基準……………………税効果会計に係る会計基準
税効果会計基準注解………………税効果会計に係る会計基準注解
税効果会計適用指針………………税効果会計に係る会計基準の適用指針
税効果会計基準一部改正…………「税効果会計に係る会計基準」の一部改正
回収可能性適用指針………………繰延税金資産の回収可能性に関する適用指針
四半期財務諸表適用指針…………四半期財務諸表に関する会計基準の適用指針
企業会計原則………………………企業会計原則
企業会計原則注解…………………企業会計原則注解
会社計算規則………………………会社計算規則
連結財務諸表規則…………………連結財務諸表の用語、様式及び作成方法に関する規則

※　特に断りのない限り、繰延税金資産及び繰延税金負債の科目の表示区分については、改正後の会計基準、法令通達等に拠ることとします。

※　本書の内容は原則として平成31年2月1日現在の会計基準、法令通達等に基づいています。

# 第1章
# 経営者と税効果会計

## 1. 経営者から見た税効果会計の必要性

"税効果会計"や"税効果"という言葉を、監査法人から聞いたこと、経理や管理部門の担当役員から聞いたことはあっても、それが何か、何のために必要なのかについて知っている経営者の方は多くありません。難しい会計の用語なので、そもそも知る必要もない、そう考えている方も多いのではないでしょうか。

経営者、特に上場会社のような社会的に影響力の大きい会社においては、経営戦略上、税効果会計の知識を身につけておく必要があります。もちろん、会計基準のことなので、詳細な内容や実務的な取扱いについては、社内の専門チーム（財務・経理など）に任せればよいでしょう。しかし、税効果会計とは何か、何のために必要なのか、経営者が知っておくとどう有益なのか、経営にどう影響するか、逆に日頃の経営が税効果会計に影響を与えることがあるのか、税効果会計が業績にどう影響するか、業績に影響するとしたらどのような事が起きると影響するのか、など税効果会計を切り口にした論点は尽きません。経営者として、最低限の税効果会計の知識を身につけておくことは、計数感覚のある経営者となるために必要かつ有益なことです。逆に知っておかないと、自分が把握していない間に税効果会計を原因とする業績の変動があっても何故その変動があったか分からないだけではなく、外部に説明することもできません。

以上を踏まえての私見ですが、経営者は税効果会計を知るべき、ただし、経営目線での数字の分析ができれば、見方が分かればよく、活用する上での最低限の知識を身につけておけば十分だということです。

さて、税効果会計とは何か？についてはとりあえず置いておいて、まずは、経営者から見た税効果会計の必要性について確認します。

## (1) 税効果会計を適用すると、B/S（バランスシート、貸借対照表）の数字が変動する

B/Sの数字が変動するということは、例えば、自己資本比率のようなB/Sを活用した財務分析の指標の変動を意味します。ですので、税効果会計の適用結果次第では、B/Sが示す、その企業の財政状態が悪化する可能性も秘めています。イメージとしては、図1-1のとおりです。つまり、税効果会計を適用すると、B/Sの純資産が増える場合も、減る場合もあるということです。

図 1-1
① 税効果会計により、B/Sの純資産が増えるパターン

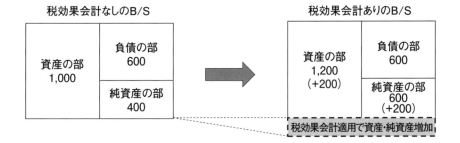

② 税効果会計により、B/S の純資産が減るパターン

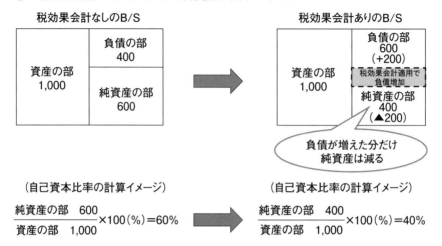

　図にあるような税効果会計適用に伴う資産・負債や純資産の増減を表す会計の用語としては、**繰延税金資産**（くりのべぜいきんしさん）、**繰延税金負債**（くりのべぜいきんふさい）という言葉を使用します。くわしくは第2章で説明しますので、今のところは、税効果会計を適用すると、B/S が変動する可能性があるのだな、このような会計用語が登場するのだな、というくらいの理解でかまいません。

　自己資本比率が変わるということは、税効果会計を適用すると、B/S の金額や構成が変わるので、他の指標（固定比率など）も適用の前後で数字の見栄えが変わってしまう、ということを意味します。

## (2) 税効果会計は、業績の悪化（改善）要因となりうる

　税効果会計の適用によって、業績が良くなったり、悪くなったりします。つまり、当期の業績数値にダイレクトに影響するということです。イメージとしては、図1-2のとおりです。

1. 経営者から見た税効果会計の必要性　5

図 1-2

税効果会計なしの
連結財務諸表のP/Lのイメージ

| 税金等調整前当期純利益 | 1,000,000 |
|---|---|
| 法人税、住民税及び事業税 | 400,000 |
| 法人税等 | 400,000 |
| 当期純利益 | 600,000 |

この名称を使う

税効果会計ありの
連結財務諸表のP/Lのイメージ

| 税金等調整前当期純利益 | 1,000,000 |
|---|---|
| 法人税、住民税及び事業税 | 400,000 |
| 法人税等調整額 | ▲100,000 |
| 法人税等 | 300,000 |
| 当期純利益 | 700,000 |

税効果会計ありの
連結財務諸表のP/Lのイメージ
で税効果会計に関する金額が
変更すると…

| 税金等調整前当期純利益 | 1,000,000 |
|---|---|
| 法人税、住民税及び事業税 | 400,000 |
| 法人税等調整額 | 200,000 |
| 法人税等 | 600,000 |
| 当期純利益 | 400,000 |

当期の業績は増加（＋）

当期の業績は減少（－）

　ここで登場する**法人税等調整額**（ほうじんぜいとうちょうせいがく）という言葉も、今は意味を知らなくて大丈夫です。とにかく、税効果会計があると、本業の業績管理とは別に、税効果会計適用の結果どの程度業績にプラス・マイナスの影響を及ぼすか？という視点が必要だ！ということをわかっておけば十分です。図 1-2 でも、何もしなければ当期純利益は 600,000 なのに、税効果会計があると、700,000 に増えることがあれば、400,000 に減ってしまうこともありえるということがよく分かります。

　当期純利益に影響するということは、当然に、売上高当期純利益率などの収益性の経営指標や、ROE（分子を当期純利益とした場合）の値も変わりますので、外部の目線を意識すると、税効果会計を学ぶ必要があることがよく分かります。

## (3) 税効果会計に影響する要因は、経営者が意思決定していること、日々会社で起こっていること

　大規模な設備投資を決める、店舗を撤退する、賞与の支給見込額を変える、退職金制度を設けるなど、経営者は、程度の大小を問わず、日々会社の意思決定ばかりを行っているはずです。また、会社を営んでいれば、経営環境が変わる、偶然の災害や不慮の事故に見舞われる、税制改正があることなどはごく自然です。経営者であれば、当然経験してきた、こうした事象の大半が税効果会計に影響します。影響するということは、B/SにもP/Lにも影響する、つまり、場合によっては、財政状態の悪化や業績の悪化を招くこともあるということです。

　だから、経営者としては、「こうしよう。」「あれは、どうなった？」だけではなくて、「こうしよう、税効果会計への影響はあるか？」「あれは、どうなった？税効果会計を考えると、業績はプラスになるかマイナスになるか教えてくれないか、影響額はどの程度だ？」という言葉が常日頃から出てくるぐらいに税効果会計を知っておくべきです。

## (4) 税効果会計はニュースなどで時に大々的に報じられる

　税効果会計は、会計上で金額を集計して計上するもので、在庫や固定資産のように、税効果会計という目に見える物が存在するわけではありません。経営者や会社が金額を見積もって計上するものだからこそ、後になって状況が変われば、過去に計上していた見積り金額の修正をしなくてはならないケースが生じることがあります。時に、その修正額が多額に上ることがあるため、修正金額いかんで大きな業績修正となる可能性があります。こうした場合には、税効果会計というものが引き金となって、ニュースなどで大々的に報じられるわけです。

**経営者の説明責任**という観点からすると、このような場合に、最低限の税効果会計の知識を持って、事象の説明と業績修正に至った理由を説明できるだけでも、説得力のある合理的な説明を行うことができます。

ニュースでたまに耳にする「繰延税金資産の取崩しによる…」という言葉が、まさに税効果会計による影響があったことを説明している話題ということになります。

## (5) 事業計画や業績予想などの業績管理上の数値にも税効果会計が関係する

月次報告会に使われる予実表、予算や事業計画、決算短信や四半期決算短信に掲載する業績予想値などは、経営者が作成部署や担当者から報告を受ける業績管理上の資料であり、管理会計上の資料でもあります。これらは、通常、税効果会計の影響を加味して作られますので、普段から目にする資料について、あるいは取締役会の開催の際に配布される資料を眺める度に、税効果会計による影響はどの程度だろうか、という視点を持っておくだけでも、数値に対する異なった見方ができるはずです。

これまでに説明した内容はいずれも税効果会計に関係するものです。また、全て何らかの形で会社の経営、経営者に関係するものばかりです。これだけ説明すれば、きっと経営者にとっていかに税効果会計が身近で、理解しておかなければないない概念かがおわかりのことでしょう。

> **ポイント**
> - 税効果会計は、B/S、P/L といった決算情報や、業績管理上の数値など会社経営の至るところに影響を及ぼしています。
> - 経営者がすすんで税効果会計を理解することは企業経営上大切なこと。ただし、会計の詳細まで知る必要はなく、経営者が知っておくべき税効果会計のポイントがあるので、それを押さえておけばよいのです。

## 2. 税効果会計とは？

いよいよ、税効果会計とは何か？についてです。税効果会計とは、企業会計の資産・負債の額と、課税所得を計算する際の資産・負債の額に違いがある場合に、利益などを課税標準としている法人税等の金額を適当な期間に配分することで、会計上の税引前当期純利益と法人税等の金額を適切に対応させるような手法のことです（税効果会計基準 第一 税効果会計の目的）。

税効果会計を専門的に説明すると、このようになります。経理などの決算を作る方々が使う会計基準などでは馴染みのある言葉づかいです。しかし、これでは、日頃からたくさんの勉強をしている経営者の方であっても、さっぱり分からない難しい言葉ですよね。

そこで、いったん税効果会計そのものの説明から離れることにしましょう。

### (1) 税金の世界で使われる「課税所得」と企業会計で使われる「利益」とは違う！？

会社が過去に提出した法人税申告書をみると、別表と書かれた複数ページに渡る書類が綴じられて保管されていることでしょう。その別表の中でも、別表1(1)という1枚目の文書には、「**所得金額又は欠損金額**」という記載欄があります。同じ金額は別表4という別の文書の下の方にも記載されています。

この「所得金額又は欠損金額」の数字（金額）こそが、法人税の世界で実務上いわゆる"**課税所得**"といわれているものです。この課税所得を使って税率を乗じるなどして税金を求めていくため、課税される額

（納税する額）を計算する元となる金額という意味から、**課税標準**とも呼ばれています。

### 図1-3 別表1(1)のイメージ（抜粋）

| 所得金額又は欠損金額 | 1 | 12,345,000 |
|---|---|---|
| 法人税額 | 2 | ××× |
| 法人税額の特別控除額 | 3 | ××× |
| （以下、略） | | |

### 図1-4 別表4のイメージ（抜粋）

| 区分 | | 総額 | 処分 | |
| | | | 留保 | 社外流出 |
| | | ① | ② | ③ |
|---|---|---|---|---|
| 当期利益又は当期欠損の額 | 1 | ××× | | |
| 加算 | 損金経理をした法人税及び地方法人税 | 2 | ××× | | |
| | （中略） | | | | |
| | 小　　計 | 11 | ××× | | |
| 減算 | 減価償却超過額の当期認容額 | 12 | ××× | | |
| | （中略） | | | | |
| | 小　　計 | 21 | ××× | | |
| | 仮　　計 | 22 | ××× | | |
| （中略） | | | | |
| 所得金額又は欠損金額 | 49 | 12,345,000 | | |

このうち、別表4をみると、「**当期利益又は当期欠損の額**」という欄があるのが分かります。これが、企業会計上の利益です。勘の良い方であれば既にお気づきかもしれませんが、企業会計上の利益に税率を掛けたものが税金（納税額）と思っていたが、どうやら違うようだ、ということです。

そうなのです。法人税額を計算するために必要な課税所得は、企業会

計上の利益を出発点にして、加算・減算という調整を加えて出します。この調整が全くない（ゼロ）ということは通常考えにくく、ほとんどのケースでズレが生じます。

なぜ、加算・減算が行われるかというと、企業会計と法人税では目的が異なるからであり、図1-5のようにまとめられます。

**図1-5　企業会計と課税所得の違い**

|  | 企業会計 | 課税所得<br>（法人税） |
|---|---|---|
| 目的 | 期間損益を正しく計算する | 課税の公平性を担保する |
| 会計を認識する時点 | 原則として発生主義 | 債務確定主義<br>（現金主義に近い） |
| 見込み要素の損益計算の取扱い | 引当金のような未確定だが、発生可能性のある事象について合理的な金額の見積額を計上する。また、前払・未払、未収・前受といった経過勘定（けいかんじょう）といわれる会計処理も採用する。 | 原則として、不確定要素を排除するために、債務の確定などを前提とし、企業会計に比べると見積りを含まない。ただし、一部には会計処理を行っていることを踏まえてその処理を容認するものもある。 |

このように、企業会計の場合は正しい期間損益計算を行うため、また、投資家などに対して、将来の発生可能性を含めた見積り金額込みの情報を積極的に提供するため、**発生主義**といって、決算を確定させる段階で分かっている（支払う予定のある、損害賠償の支払見込みのある、将来の退職金や賞与の支払予定のある額のうち、当期までに存在している額を見積もる、など）情報を可能な限り反映させます。

一方、法人税額の算定に当たっては、今わかっている確実な情報にしたがって正しい税額を納めることが目的ですので、将来の不確実性や、期限未到来の事象はなるべく排除することを前提に、原則として**債務確**

定主義といって、支払うこと、支払時期、支払額などがすでに決まっているものだけを税金の計算に取り込む考え方を採用し、見積もる・見込むといった要素を可能な限り取り除きます。また、そうしないと、万が一にも、企業会計上の利益を低くして課税所得を小さくするといったことで、納税額を必要以上に少額に抑えるということが行われないともいえません。こうしたことを防ぐためにも、**課税の公平性**という視点に立って正しい税額判定を優先させているものといえます。

以上をまとめると企業会計と課税所得の関係は図1-6のようになります。

### 図1-6　企業会計と課税所得の関係

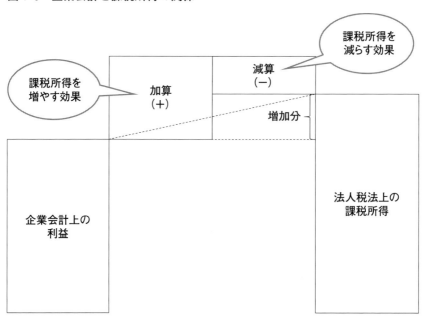

企業会計上の利益には、利益を押し上げる"**収益**"と利益を低下させる"**費用**"とがありますが、会計上"収益"としたものを、税金の世界

では収益ではないですよ、ということを**益金不算入**（えききんふさんにゅう）といいます。この場合、課税所得の計算の過程で、減算調整して、課税所得が減ることになります。また、会計上"費用"としたものを、税金の世界では認めませんよ、ということを**損金不算入**（そんきんふさんにゅう）といいます。一般的には、損金不算入のケースの方が多い（ということは、企業会計上の利益が少ない場合でも、課税所得の計算の過程で加算調整を行い課税所得が増える、つまり最終的な税額も増えることになる。）です。

税の世界で使う"**益金**"という言葉は企業会計上の収益に近い概念で、税の世界では課税所得をプラスさせるものという意味です。一方、"**損金**"は企業会計上の費用に近い概念で、税の世界では課税所得をマイナスさせるものという意味です。また、不算入という言葉は、入れられませんよという意味で、損金に入れられませんよ、だから、損金不算入といいます。

なお、入れられませんよ、認められませんよ、のことを**否認**（ひにん）と呼ぶこともあります。収益・費用と益金・損金の関係については、図1-7のようなイメージをもっておくとよいでしょう。

**図1-7　収益・費用と益金・損金の関係イメージ**

企業会計上の収益と費用

課税所得算定上の益金と損金

## (2) 税効果会計の適用がない P/L の利益はどうなっているか

　P/L の最終利益は、税金を控除前の利益から税金額を差し引いたものになりますが、この税金額を示す P/L 上の名称は「法人税、住民税及び事業税」です。ここに含まれるものは、主に稼いだ所得をベースに計算される税金ですが、大半は法人税で構成されます。ここで、既に説明した利益と課税所得の違いが影響します。

　図1-8で示すように、税金を控除する前の利益までは、企業会計上の考え方を採用した収益－費用＝利益となるよう計算されてきました。ところが、差し引く税額は、税法の考え方に基づいたものなので、最終利益は、企業会計と税法上の考え方が混同する利益ということになります。

**図1-8　税効果会計を適用しない場合の最終利益**

| 税引前当期純利益 | 1,000,000 | →企業会計上の利益 |
|---|---|---|
| 法人税、住民税及び事業税 | 400,000 | →税法上の課税所得をベースに計算された税額 |
| 法人税等 | 400,000 | |
| 当期純利益 | 600,000 | →企業会計上の利益から、税法上の課税所得をベースに計算された税額を差し引いた利益<br>＝会計と税法の混同 |

　利益から差し引く税額は納税額を前提としているので、このように計算された最終利益である当期純利益が誤っているわけではないのですが、こうしてP/Lを眺めると、違和感が残らないでしょうか。このような違和感が生じる理由をもう少し深く考えるために、図を使って税効果会計を適用しないケースを例に説明します。

2. 税効果会計とは？　15

　図1-9のように税金を控除する前の利益（税引前利益）がN1期に1,000,000だとします。N1期に得意先の貸倒れの恐れに伴って貸倒引当金を200,000計上しました。つまり、N1期の税引前利益は、費用計上した貸倒引当金繰入額を含んだ数値です。しかし、課税所得を計算する上で、この貸倒引当金繰入額という費用は、企業会計上は計上しても構わないが、税金計算上はその計上がまだ認められないという扱いだったとします。

　これは、企業会計上は、近い将来発生しそうな費用や損失となりそうな事象の原因が今にあって、おそらく発生しそうだし、金額を見積もることも可能だといえる場合には、まだ現実にはその事象が起こっていなくても、引当金という名称の会計手法を使って、早めに費用や損失を見込んでおきましょう、という処理をするルールがあります。

　対して、税金計算上はこう考えます。例えば、破産の開始決定があった、民事再生法の適用による手続の開始決定があった、など法的に貸倒れを認めてもいいよね、という事実があれば、引当金の計上を認めてもいいでしょう。しかし、ただ見込んでおきましょう、ということだと会社任せの計上となってしまいます。確かに、企業会計上の正しい期間損益計算を行う趣旨には合致しても、課税の公平性を害するおそれがあるので、税金計算上は費用（≒損金）としては認められないとし、実務上も損金不算入とされるケースは多くあります。

　企業会計上は費用にしたものを、損金不算入によって加算し、課税所得に含められた結果として税額が上がるもののことを、「**有税**（ゆうぜい）」と呼んでいます。引当金がこうした対象となる場合、これを**有税引当金**と呼びます。

　さて、このケースでは図1-10のように、企業会計上の税引前利益が1,000,000でしたが、貸倒引当金繰入額200,000の損金不算入によって、

税金計算上加算され、1,000,000 + 200,000 = 1,200,000 の課税所得になりました。

　仮に税率が30%だとした場合、法人税、住民税及び事業税の額は1,200,000 × 30% = 360,000 となります。企業会計上使用するこの30%といった仮の税率、概算の税率のことを、「**法定実効税率**」というのですが、くわしくは「第5章　税率と税効果会計」で説明します。

　この結果、N1期の企業会計上の最終利益である当期純利益は、税引前利益 1,000,000 − 法人税、住民税及び事業税 360,000 = 640,000 となります。

図1-9　N1期のP/L

| ... 貸倒引当金繰入額 ... | 200,000 |
|---|---|
| 税引前当期純利益 | 1,000,000 |
| 法人税、住民税及び事業税 | 360,000 |
| 法人税等 | 360,000 |
| 当期純利益 | 640,000 |

（吹き出し）企業会計上の税引前当期純利益ではなく、税金計算上の課税所得をベースに計算した税額

## 2. 税効果会計とは？

図1-10　N1期の別表4のイメージ（抜粋）

| 区分 | | | 総額 ① | 処分 | |
|---|---|---|---|---|---|
| | | | | 留保 ② | 社外流出 ③ |
| 当期利益又は当期欠損の額 | | 1 | 1,000,000 | | |
| 加算 | 損金経理をした法人税及び地方法人税 | 2 | | | |
| | (中略) | | | | |
| | 貸倒引当金繰入超過額 | 9 | 200,000 | | |
| | | 10 | | | |
| | 小計 | 11 | 200,000 | | |
| 減算 | 減価償却超過額の当期認容額 | 12 | | | |
| | (中略) | | | | |
| | 小計 | 21 | 0 | | |
| | 仮計 | 22 | 1,200,000 | | |
| (中略) | | | | | |
| 所得金額又は欠損金額 | | 49 | 1,200,000 | | |

> 課税所得 1,200,000 × 税率 30% = 360,000 を「法人税、住民税及び事業税」として計上。

　さて、N2期もN1期と同じ税引前利益でした。N2期では、新たに貸倒引当金という費用を計上するようなケースはありませんでした。しかし、N1期で将来の貸倒れを見込んで企業会計上では引当金を計上していながら、税金の計算上は認められず加算された200,000が、N2期では、得意先の破産手続開始決定によって、法的にも貸倒引当金の計上を認められる事由とされ、税金の計算上も認められることになりました。

　N1期では貸倒引当金の200,000は、税金計算上加算していました。N2期でこの200,000を税金計算上認めるときには減算という調整を行い、過年度分とのプラスマイナスの効果を生じさせます。この結果、税金計算上の課税所得は、図1-11のように1,000,000 − N1期の貸倒引当

金が認められた減算額200,000 = 800,000となります。

税率はN1期と同じく30%とすると、800,000 × 30% = 240,000がN2期の法人税、住民税及び事業税となり、N2期の企業会計上の当期純利益は、図1-12のように、税引前当期純利益1,000,000 − 法人税、住民税及び事業税240,000 = 760,000となります。

### 図1-11　N2期の別表4のイメージ（抜粋）

| 区分 | | 総額 ① | 処分 留保 ② | 処分 社外流出 ③ |
|---|---|---|---|---|
| 当期利益又は当期欠損の額 | 1 | 1,000,000 | | |
| 加算　損金経理をした法人税及び地方法人税 | 2 | | | |
| （中略） | | | | |
| 加算　貸倒引当金繰入超過額 | 9 | | | |
| | 10 | | | |
| 　　　　　小　　　　計 | 11 | | | |
| 減算　減価償却超過額の当期認容額 | 12 | | | |
| （中略） | | | | |
| 減算　貸倒引当金繰入超過額認容 | 20 | 200,000 | | |
| 　　　　　小　　　　計 | 21 | 200,000 | | |
| 　　　　　仮　　　　計 | 22 | 800,000 | | |
| （中略） | | | | |
| 所得金額又は欠損金額 | 49 | 800,000 | | |

課税所得800,000 × 税率30% = 240,000を「法人税、住民税及び事業税」として計上。

図 1-12　N2 期の P/L

| ... | |
|---|---:|
| 貸倒引当金繰入額 | — |
| ... | |
| 税引前当期純利益 | 1,000,000 |
| 法人税、住民税及び事業税 | 240,000 |
| 法人税等 | 240,000 |
| 当期純利益 | 760,000 |

> 企業会計上の税引前当期純利益ではなく、税金計算上の課税所得をベースに計算した税額

なお、N2 期では貸倒引当金繰入額がゼロ、つまり発生しませんでした。このような場合、該当無しであることを表すために、企業会計上は「−（"バー"といいます。）」と表現します。

### (3) 税効果会計の意義

税効果会計を適用しない場合の P/L も正しいのですが、企業会計上の利益の目的である、正しい期間損益を計算するという目的に照らせば、これまでにみたケースでは次の違和感が残ります。それは、N1 期と N2 期は同じ税引前利益、同じ税率なのだから、同じ税額、同じ当期純利益になるのが自然ではないか？ということです。言い換えると、税効果会計を適用しない P/L は、正しい納税額は反映しているが、それはあくまで税金計算上の話であって、税金計算を優先する P/L でよしとしてしまうと、企業会計上の利益の金額を歪める結果となってしまうということです。

本来は、図 1-13 のようにならなければならない P/L が、図 1-14 のようになってしまっているイメージです。税率は 30% と仮定します。

20　第1章　経営者と税効果会計

図1-13　企業会計上あるべきN1期とN2期のP/L

|  | N1期 |  | N2期 |  | 合計 |
|---|---|---|---|---|---|
| ...<br>貸倒引当金繰入額<br>... | 200,000 |  | — |  | 200,000 |
| 税引前当期純利益 | 1,000,000 | 100% | 1,000,000 | 100% | 2,000,000 |
| 法人税、住民税及び事業税 | 300,000 | 30% | 300,000 | 30% | 600,000 |
| 法人税等 | 300,000 |  | 300,000 |  | 600,000 |
| 当期純利益 | 700,000 | 70% | 700,000 | 70% | 1,400,000 |

企業会計上の税引前当期純利益は同じ1,000,000なのだから、税額、当期純利益は同額のはずと考える。

税率は30%、法人税、住民税及び事業税300,000も税引前当期純利益1,000,000の30%で整合している。

図1-14　税効果会計を適用しないN1期とN2期のP/L

|  | N1期 |  | N2期 |  | 合計 |
|---|---|---|---|---|---|
| ...<br>貸倒引当金繰入額<br>... | 200,000 |  | — |  | 200,000 |
| 税引前当期純利益 | 1,000,000 | 100% | 1,000,000 | 100% | 2,000,000 |
| 税金計算上の調整<br>(加算・減算) | +200,000 |  | ▲200,000 |  | — |
| 課税所得 | 1,200,000 |  | 800,000 |  | 2,000,000 |
| 法人税、住民税及び事業税 | 360,000 | 36% | 240,000 | 24% | 600,000 |
| 法人税等 | 360,000 |  | 240,000 |  | 600,000 |
| 当期純利益 | 640,000 | 64% | 760,000 | 76% | 1,400,000 |

正しい税金計算ができているし、2期合計すれば、税額、利益の合計額は図1-13のあるべきP/Lの2期合計と一致するが、N1期、N2期各期の期間損益計算、すなわち企業会計上の利益は税金計算を優先させたばかりに歪められている結果となる。

税率は30%なのに、税引前当期純利益に対する法人税、住民税及び事業税の金額割合は、N1期36%、N2期24%となっている。

こうした企業会計上で生じてしまった期間損益計算の歪みを、企業会計の中でさらに調整させることによってなくそう、と試みるために誕生した概念が税効果会計です。

図 1-13 では、あるべき P/L の法人税、住民税及び事業税を 300,000 としましたが、実際には、ここに入る金額は税金計算を行った結果を記録しますので、法人税、住民税及び事業税は、N1 期 360,000、N2 期 240,000 から変えることは許されません。そこで、調整のための会計処理を 1 つ加えることによって、当期純利益の金額と正しい期間損益計算の結果とのつじつまが合うようにします。図 1-15 を見てください。

図 1-15　税効果会計を適用した N1 期と N2 期の P/L

|  | N1期 |  | N2期 |  | 合計 |
| --- | --- | --- | --- | --- | --- |
| ...<br>貸倒引当金繰入額<br>... | 200,000 |  | — |  | 2,000,000 |
| 税引前当期純利益 | 1,000,000 | 100% | 1,000,000 | 100% | 2,000,000 |
| 法人税、住民税及び事業税 | 360,000 | 36% | 240,000 | 24% | 600,000 |
| 法人税等調整額 | ▲60,000 | ▲6% | 60,000 | 6% |  |
| 法人税等 | 300,000 | 30% | 300,000 | 30% | 600,000 |
| 当期純利益 | 700,000 | 70% | 700,000 | 70% | 1,400,000 |

正しい税金計算ができているし、2期合計すれば、税額、利益の合計額も一致。さらに、N1期、N2期各期の正しい期間損益計算がかなうよう、法人税等調整額という項目を設けることによって、各期の税額合計（法人税等）と当期純利益も一致。

税率30％に整合させ、同じ税額、同じ当期純利益になるように法人税等調整額という項目で調整する。

法人税、住民税及び事業税の後に「**法人税等調整額**」という調整項目を加えることによって、各期の税額合計に当たる法人税等と、当期純利益が N1 期、N2 期ともに同額となりました。

なぜ60,000の調整を行うかというと、貸倒引当金繰入額200,000に税率30％を乗じた60,000分だけ、N1期では税額がプラスされ法人税、住民税及び事業税は360,000でした。これは、税引前当期純利益の1,000,000×30％の300,000に、税額がプラスされた60,000の合計です。逆に、N2期ではマイナスされ、240,000（300,000－60,000による）となっています。税金計算上はこれが残ったままとなりますが、企業会計上はこれを相殺して無しにしようとします。まずは、税金計算上加算・減算の原因となった金額に税率を乗じ、税金計算上の税額が加算されているようであれば企業会計上はマイナス、逆に税金計算上減算されているようであれば企業会計上プラスします。こうして、企業会計上でも加減算を行うことによって、税金計算は正しいまま、企業会計上でも同じ税引前利益なら同じ税額になるはずだ、という正しい期間損益計算結果を守ることができました。

何も調整を行わない自然な状態のP/Lでは、税金計算は正しいが、企業会計上の利益に歪みが生じる、だから、企業会計上の利益に沿うよう、正しい期間損益計算を行うために、その歪みをなくす調整を行うことが、税効果会計だ、と理解しましょう。また、このような調整を行うからこそ、税効果会計を適用すると、適用した年度の利益額が修正されるので、業績に影響を及ぼすことになるのです。

ただし、冒頭で税効果会計を専門的な言い回しで説明した際、「企業会計の資産・負債の額と、課税所得を計算する際の資産・負債の額に違いがある場合に…」としました。資産、負債はB/Sの概念ですから、これまでみてきたP/Lで行った調整と整合しないのではないか、とも読み取れます。このあたりの疑問を解消するのはここではやめておき、第2章で触れることにします。

## ポイント

- 税効果会計は、税金計算によって生じた企業会計上の利益の歪みを、正しい期間損益計算を行う目的をかなえるために調整することです。
- P/L の「法人税、住民税及び事業税」の下の項目で、「法人税等調整額」という項目で調整します。
- 税効果会計を適用すると、企業会計上の金額調整が入りますので、利益が増減し、業績に影響を及ぼすことになります。

# 3. 経営者が知るべき税効果会計のポイント

　税効果会計を適用して財務諸表を作成する実務担当者であれば、「税効果会計基準」などの税効果会計関連の専門的な内容を解釈、熟知しなければなりませんが、経営者の場合はそこまで押さえる必要はありません。税効果会計が何か？というツボを押さえておくこと、税効果会計が適用された財務諸表を読むことと使いこなすことができること、税効果会計の話題が社内や監査法人から出た際に、その概要が大よそ理解できるようになること、といった点をクリアできていれば実務の十分な知識を有しているといえます。それでは、経営者が知るべき税効果会計のポイントを押さえましょう。

## (1) P/Lの税引前利益に対する、法人税等、当期純利益の割合（率）を把握する

　これまでの例でも見てきたように、税効果会計と税率とは切っても切れない関係にあります。公表されるP/Lの中には税率が表示されませんが、税引前利益に対する法人税等や、当期純利益の割合を付記すると、図1-16のようなイメージとなります。

## 3. 経営者が知るべき税効果会計のポイント

図 1-16　税効果会計を適用した N1 期と N2 期の P/L

|  | N1期 |  | N2期 |  | 合計 |
|---|---|---|---|---|---|
| ...<br>貸倒引当金繰入額<br>... | 200,000 |  | — |  | 200,000 |
| 税引前当期純利益 | 1,000,000 | 100% | 1,000,000 | 100% | 2,000,000 |
| 法人税、住民税及び事業税 | 360,000 | 36% | 240,000 | 24% | 600,000 |
| 法人税等調整額 | ▲60,000 | ▲6% | 60,000 | 6% |  |
| 法人税等 | 300,000 | 30% | 300,000 | 30% | 600,000 |
| 当期純利益 | 700,000 | 70% | 700,000 | 70% | 1,400,000 |

　月次報告、次期予算を承認するための会議、決算発表や有価証券報告書提出前の取締役会などでは、必ずといっていいほど財務諸表の報告があり、特に当期の業績結果を表す P/L 情報が報告の中心となります。その際のチェックポイントとして次のことを押さえておくとよいです。

・**自社の税率は何％であるか**

　　実務上、**法定実効税率**を参考にします。法定実効税率とは何か、その計算方法は「第 5 章　税率と税効果会計」で説明します。

・**法人税等の税金控除前の利益に対する割合は何％であるか**

　　税効果会計を適用すると、法人税等調整額という項目が出てくることは既に説明したとおりです。法人税等調整額による調整を行った後の、法人税、住民税及び事業税との合計額は「**法人税等**」という項目名で示されます。この法人税等の税金控除前の利益（税引前利益）に対する割合が何％かを把握しておいてください。

　　おや？と思う方もいるかもしれません。そう、税効果会計を適用すれば、法定実効税率が 30％ならば、法人税等調整額で調整した後の

法人税等の額は30%に決まっているではないか、と考えられるからです。実は、そう上手くいかないのが、税効果会計の難しいところで、**税率差異**という考え方が必要となります。この税率差異、今は無視して進めます。なお、この法人税等の税金控除前の利益に対する割合（率）のことを、会社が税金を控除する前の利益に対して、どの程度の割合の税金、税率を実質的に負っているかという意味で捉え、**税負担率**と呼びます。

　税負担率が何％であるか、税負担率と法定実効税率がどの程度かい離しているかを把握しておくことは経営戦略上とても大切なことです。税負担率が分かっているということは、自ずと当期純利益の税引前当期純利益に対する率も分かるということですね。図1-16では70%です。つまり、税引前当期純利益に対し、法人税等を控除しても最終利益としてこれくらいは残るだろうという目星がつくわけです。

　税負担率には毎期の変動はありますが、これを常時知っておくだけで、税引前利益がこの金額なら、この程度の当期純利益に着地しそうだ、という目安を持った上で経営に臨むことができます。経営者にとって、営業利益、経常利益、当期純利益などの段階損益は業績報告の生命線といっても過言ではありません。特に最終利益となる当期純利益は様々な経営指標分析に使用されるものです。通常、税額や法人税等を出すのは決算期が終わってからの作業となります。しかも、税額は決算発表に近い時期に確定することが多く、税引前の利益は決算期末日後すぐに分かっているのに、税額がなかなか決まらないので、最終利益が読みづらいという経験はどの経営者にも一度くらいはあることでしょう。そこで、正確ではないものの、ある程度精度の高い税額の予測情報として税負担率を使用して、当期純利益の道筋をつける

のです。当期純利益の道筋が早くつけば、次期業績予想の数字予測、予算策定の時期も早まり、精度も高くなるはずです。

## (2) 繰延税金資産というB/Sの項目名の金額に気を付ける

税効果会計を適用する会社であれば、連結財務諸表であれ財務諸表であれ、おそらく大半の会社で「**繰延税金資産**」というB/Sの項目と金額の記載があります。

繰延税金資産というB/S項目が要る理由、役割は第2章に委ねるとして、経営者感覚としては、これが計上されているときは、潜在的に将来これを取り崩す可能性がゼロではない、ということだけ押さえておいてください。

繰延税金資産は資産の部の固定資産の項目の中にある投資その他の資産という箇所に表示されます。B/Sのイメージは図1-17のとおりです。従来は流動資産という項目の中でも表示されていたのですが、最近の会計基準の改正に伴い、表示箇所が集約されています。

会計基準などの改正によって、繰延税金資産は固定資産の項目の中の投資その他の資産の区分に表示して、繰延税金負債が生じる場合は固定負債の区分に表示することになっています。

B/Sに計上される資産には、常に**回収可能性**や**資産性**という概念がつきまといます。回収可能性や資産性という言葉が何の意味を持つかというと、その資産を回収できる見込みがない場合、物理的に処分する場合、資産価値がなくなった場合など、計上している金額の価値がない、なくなるといえる場合に、企業会計上その資産の価値が失われた分だけ評価額を減らして、その分に見合う額を当期の費用や損失としてください、というルールです。各会計基準などで決められている場合が多くなっています。

費用や損失が発生する可能性があるということは、将来どこかの時点で、一時にたくさんの業績悪化を招く恐れがあるということを意味します。

特に、繰延税金資産は、見積りという世界の中で、会社自身が計算した結果を計上します。いつ、いくら計上するかの妥当性を示す根拠は会社作成資料の中にはありますが、契約書といった取引相手と交わした文書など、外部の第三者との間で交わされた文書は存在しません。見方を変えれば、それだけアバウトなものであり、かつ、形が見えるものでもないため、常に、繰延税金資産として計上する金額はこの額で大丈夫、と示し続けることが求められます。逆に、示せなくなった、価値や資産性、回収可能性がなくなったといわれるような事態に陥った場合には、実物がないこともあって、最悪ゼロまで評価を減じることだってありうるのです。繰延税金資産の評価をこのような理由でマイナスせざるを得ないことを、**繰延税金資産の取崩し**と呼んでいます。

税効果会計のルール上、繰延税金資産という資産では、**回収可能性**ということを判断の指針にしていますが、最低限、回収可能性の判断をどのように行っていくのか、どのような場合に計上している繰延税金資産の評価額を減じなければならないのか、を知っておかないと、本業の努力で黒字を確保しているのにもかかわらず、税効果会計が原因となり大きな赤字を計上し、予期せぬ業績悪化に見舞われるという可能性があります。経営者にとって、計上する繰延税金資産の額の行方は非常に大きい業績変動要因になりますので、この点からも税効果会計は経営者の必須知識の一つであると言っても過言ではありません。

図1-17　繰延税金資産を計上しているB/Sのイメージ

|  | N1期 | N2期 |
|---|---|---|
| 資産の部 |  |  |
| 　流動資産 |  |  |
| 　　… |  |  |
| 　　… |  |  |
| 　固定資産 |  |  |
| 　　… |  |  |
| 　　… |  |  |
| 　　投資その他の資産 |  |  |
| 　　　… |  |  |
| 　　　繰延税金資産 | 2,345 | 3,456 |
| 　　　… |  |  |
| 　固定資産合計 |  |  |
| 資産合計 |  |  |

> 繰延税金資産の取崩しということを通じて、将来的に費用・損失をP/Lに計上し、業績悪化を招くリスクは残っている。
> 逆にいうと、今は資産性のある見えない価値がこれだけあるという積極的な証明にもなっていると考えることもできる。

## (3) 会社の今おかれている状況によって、税効果会計の適用上の取扱いや適用範囲が異なる

　税効果会計の"**分類**"という話題が社内や監査法人から出たときには、税効果会計の適用に当たって、自社の場合はこう考えるという会社独自の適用ルールのことだと思っておいてください。分類については「第3章　税効果会計の分類」で説明します。この分類に関して、税効果会計は適用しているのだが、B/SやP/Lでの調整がされない、行うことができない項目というものが出てくることがあります。これは、**「評価性引当額**（ひょうかせいひきあてがく）」というもので、会社の分類の程度に応じてB/SやP/Lの調整の対象外とするものがあることが要請されています。注記表の中にも出てくる用語ですので、各章で解説します。

　また、どの会社でも起こりうるのが、**永久差異**（えいきゅうさい）と呼ばれるものの取扱いです。前項「2. 税効果会計とは？」に出てきた貸倒引当金繰入額の場合、税金計算上N1期では加算、N2期で減算さ

れました。税法の要件に照らして良しとする時期が来るまでは損金とは認められず課税所得に含まれてしまい、認められるようになれば損金と認める処理を行いました。このように、今はダメだが、要件を満たしたらオッケーとなるような、調整のズレが生じてから一定の期間を経て解消させられるものを「**一時差異**（いちじさい）」と呼んでいます。これと異なり「永久差異」は、簡単にいうと、ずっと認められないということです。企業会計上は費用又は損失に計上したが、税法上はこれを永久に費用又は損失と認めることはありませんよ、という取扱いをします。

　代表的な永久差異項目は交際費です。これを例にとれば、経営をする中で交際費自体を使うことは問題ありませんが、税金計算上は、あまりにたくさんの交際費を事業活動において使っている場合、いわば使いすぎていると考えられる場合、それは事業活動のためではなくて、冗費、つまり単に無駄遣いですよね、と指摘されることになります。このため、税政策上の観点から、一定限度を超える交際費の支出については、交際費という企業会計上の費用に含めた金額を損金としては認められず加算します。しかし、貸倒引当金のように、その加算分をいつか認めて将来時点において減算を認容する、というようなことはありませんよ、つまり、ずっと認めませんよ、というルールにしています。ですから、一時的な差異である一時差異と比較して、永久に差異が生じたままという意味で永久差異と呼んでいます。この永久差異は税効果会計のルールでは、企業会計上の調整を行わない、対象外の項目となっています。

　経営者としては、永久差異については、税効果会計の適用上、当期の業績を調整する項目の対象外になると理解すれば十分です。

> **ポイント**
> - 法定実効税率と税負担率を把握しておけば、当期の最終利益予測や着地見込といった経営戦略上必要な情報を早くつかむきっかけとなります。
> - 繰延税金資産というB/Sの資産の部に計上される科目は、将来的に取り崩さなければならないかもしれない潜在額としても重要なので、常に把握してください。
> - 税効果会計を適用すると企業会計上と税金計算上のズレを全て調整させるわけではなく、評価性引当額という会社の状況に応じて調整の対象から外すもの、永久差異のように全ての会社で調整対象外と扱うものなどもあります。

## 4. 税効果会計に影響を与える事象は何か

　経営者は、財務諸表を作成する側の立場ではないため、詳細な会計制度の内容を理解する必要はありませんが、結局、何が起これば税効果会計に影響し、P/L の業績や B/S の変動が起こるか、つまり財務諸表の見栄えはどんな事象に影響されるか、ということを知っておくのがコツです。これを知ることにより、この経営判断は税効果会計に影響を及ぼすのだな、という点にも目が行き届くことになり、資金の流出入や稼得できる利益ばかりでなく、会計の動きを念頭においたさらに進んだ計数感覚を持ち合わせた経営者でいることができます。

　税効果会計に影響を及ぼす事象は大変多いため、全てを説明できるわけではありません。そこで、経営上よく起こりうる事象が税効果会計を通じて財務諸表にどのような影響を及ぼすのかを簡単に図 1-18 にまとめましたので、ご覧ください。B/S の計上項目が出てくる理由などの詳細は第 2 章で解説します。

　図 1-18 の貸倒引当金を企業会計上で計上したが、税金計算上は認められないケースでは、財務諸表の B/S で税効果会計に関係する科目を計上する結果、資産の部と純資産の部の金額が増加し、P/L では法人税等が減少し利益が増加するということを意味します。

## 図1-18 税効果会計に影響を及ぼす主な事象

| 項目名<br>(勘定<br>科目名) | 事象の内容 | 企業会計上の処理<br>(科目名例示) | 税効果会計の適用による適用前と比べた財務諸表の変動パターン ||||| 
|---|---|---|---|---|---|---|---|
| | | | B/S<br>資産<br>の部 | B/S<br>負債<br>の部 | B/S<br>純資産<br>の部 | P/L<br>法人税<br>等 | P/L<br>利益 |
| 貸倒<br>引当金 | 企業会計上は個別引当の対象としたが、税金計算上損金不算入となり加算された。 | B/S<br>貸倒引当金の計上<br>P/L<br>貸倒引当金繰入額<br>×× | 増加 | 影響<br>なし | 増加 | 減少 | 増加 |
| | 個別引当した企業会計上の貸倒引当金が税金計算上認容された。 | B/S<br>処理なし<br>P/L<br>処理なし | 減少 | 影響<br>なし | 減少 | 増加 | 減少 |
| 賞与<br>引当金 | 当期の賞与支給見込額を賞与引当金として計上した。 | B/S<br>賞与引当金の計上<br>P/L<br>賞与引当金繰入額<br>×× | 増加 | 影響<br>なし | 増加 | 減少 | 増加 |
| | 前期に賞与引当金に計上した賞与支給見込額を当期に支払った。 | B/S<br>賞与引当金の解消<br>P/L<br>処理なし | 減少 | 影響<br>なし | 減少 | 増加 | 減少 |
| 退職<br>給付<br>引当金 | 確定給付の退職金制度を適用しており、退職支給の見込不足額を追加で引当計上した。 | B/S<br>退職給付引当金計上<br>P/L<br>退職給付引当金繰入額×× | 増加 | 影響<br>なし | 増加 | 減少 | 増加 |
| | 従業員の一部に退職が生じたため、引当金を取り崩して退職金を支払った。 | B/S<br>退職給付引当金の一部取崩し<br>P/L<br>処理なし | 減少 | 影響<br>なし | 減少 | 増加 | 減少 |

| 項目 | 内容 | 会計処理 | | | | | |
|---|---|---|---|---|---|---|---|
| 固定資産の減損 | 固定資産の回収可能性を加味して減額を行ったが、税金計算上は否認された。 | B/S 固定資産の減額<br>P/L 減損損失 ×× | 増加 | 影響なし | 増加 | 減少 | 増加 |
| 貸倒損失 | 企業会計上は貸倒損失を計上したが、税金計算上損金不算入となり加算された。 | B/S 売掛金等の取崩し<br>P/L 貸倒損失 ×× | 増加 | 影響なし | 増加 | 減少 | 増加 |
| | 企業会計上貸倒損失計上したものが税金計算上認容された。 | B/S 処理なし<br>P/L 処理なし | 減少 | 影響なし | 減少 | 増加 | 減少 |
| 減価償却超過 | 企業会計上の減価償却費が、税金計算上は過大のため損金不算入とされ加算された。 | B/S 固定資産残高の減少<br>P/L 減価償却費 ×× | 増加 | 影響なし | 増加 | 減少 | 増加 |
| | 過年度に超過額とされた減価償却費が税金計算上認容された。 | B/S 処理なし<br>P/L 処理なし | 減少 | 影響なし | 減少 | 増加 | 減少 |
| 在庫評価 | 棚卸資産の評価減を企業会計上行ったが、税金計算上は否認された。 | B/S 棚卸資産の減額<br>P/L 棚卸資産評価損 ×× | 増加 | 影響なし | 増加 | 減少 | 増加 |
| 投資有価証券 | 時価がプラスとなり、純資産の部の有価証券評価差額金が増加したが、税金計算上は評価増減を認めない。 | B/S 有価証券評価差額金の増加<br>P/L 処理なし | 影響なし | 増加 | 減少 | 影響なし | 影響なし |
| | 時価がマイナスとなり、純資産の部の有価証券評価差額金が減少したが、税金計算上は評価増減を認めない。 | B/S 有価証券評価差額金の減少<br>P/L 処理なし | 増加 | 影響なし | 増加 | 影響なし | 影響なし |
| 特別償却準備金 | 企業会計上特別償却準備金を計上したが、税金計算上は減算された。 | B/S 特別償却準備金の増加<br>繰越利益剰余金の減少<br>P/L 処理なし | 影響なし | 増加 | 減少 | 増加 | 減少 |

| | | | | | | | |
|---|---|---|---|---|---|---|---|
| 繰越欠損金 | 税金計算上の繰越欠損金が生じた。 | B/S 処理なし P/L 処理なし | 増加 | 影響なし | 増加 | 減少 | 増加 |
| 交際費 | 企業会計上、交際費を計上したが、税金計算上はこのうち一部が損金不算入とされた。 | B/S 処理なし P/L 接待交際費 ×× | 影響なし | 影響なし | 影響なし | 影響なし | 影響なし |
| 受取配当金 | 企業会計上、受取配当金を計上したが、税金計算上はこのうち一部が益金不算入とされた。 | B/S 処理なし P/L 受取配当金 ×× | 影響なし | 影響なし | 影響なし | 影響なし | 影響なし |

　図1-18のうち、交際費と受取配当金について、税効果会計に与える影響が一切ないように表示されていますが、これが永久差異の特徴です。企業会計と税金計算で差異は生じていますが、その差異が永久に解消されない項目については、税効果会計の対象とはなりません。

　この図で示したのは、あくまで事象の一例であり、税効果会計を適用した場合の財務諸表の変動パターンも、繰延税金資産の回収可能性に制約がないなどの条件つきではありますが、毎期経営活動で行われることや、不定期に発生する事象がいかに税効果会計に影響を及ぼすかが理解できれば十分です。内容が十分に理解できない場合でも、今後は、ある事象が起こった時には必ず、税効果への影響は？と考える習慣がつきます。この習慣こそが経営者が身につけておくべき計数感覚なのです。

　なお、図1-18では含めていませんが、「**資産除去債務**（しさんじょきょさいむ）」という項目の場合のように、計上時にB/Sの資産と負債の双方に影響を及ぼす可能性があるものもあります。税効果会計には、発生する事象や項目によって、財務諸表に与える影響も様々なパターンが考えられることだけは留意ください。なお、資産除去債務というの

は、例えば、賃借している支社がある場合、通常、内装を施していることが多いはずです。退去時には原状回復義務があり、その原状回復費用を見積もることができるならば、将来負担すべき費用の見積額をあらかじめ財務諸表に含めておいてください、といったイメージの会計ルールです。

> **ポイント**
> ・会社で起こる事象は、税効果会計に影響することが多いため、経営者としては、ある事象が起こった時、意思決定の際に、税効果会計への影響は？と考える習慣をつけるだけでも、計数感覚を磨く訓練になります。
> ・ある事象の税効果会計に与える影響はワンパターンではないため、詳細を理解する必要はなく、図1-18に掲げたような事象があれば、税効果会計に影響しそうだという点を押さえておけば十分です。

## 5. 経営意思決定の際には税効果会計への影響を考える習慣をつける

　今まで知らなかった、難しくて税効果会計から目を遠ざけていた方も多いかもしれませんが、経営と税効果会計はとても接点が多く、財務諸表を読む、分析する上でも非常に重要な概念であることはご理解いただけたでしょう。

　この章の最後で申し上げたいことは、経営意思決定を行う際に、将来の税効果会計への影響を考えておくことの重要性です。

図1-19　経営意思決定その1

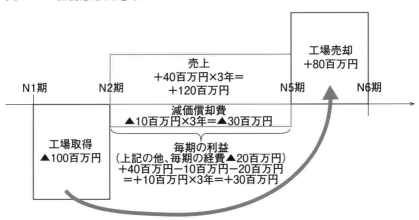

▲100百万円で取得した工場は、3年の減価償却後の簿価70百万円となった後のN6期に+80百万円で売却。
固定資産売却益+10百万円を計上。

　図1-19を見てください。この会社はN2期に100百万円を投じて工場を取得、N6期に売却するまでの減価償却費が累計で30百万円、N5期末の簿価70百万円に対してN6期首に80百万円で売却しました。また、工場取得後の効果として毎期の売上が3年累計で120百万円生まれ

ました。その他の条件として人件費等を含む経費が毎期20百万円（3年間で60百万円）発生しました。この投資からは以下の効果が生まれました。

投資効果：工場売却80百万円 −（工場取得100百万円 − 減価償却累計額30百万円）= 10百万円（P/L 固定資産売却益）

利益効果：売上120百万円 − 減価償却費30百万円 − 経費60百万円 = 30百万円（純利益）

よって、トータルで10百万円 + 30百万円 = 40百万円の利益が生まれ、投資前に比べて資金もその分だけ増加している成功した投資案件となりました。この時税を考慮した毎期の純利益は、次のようになります。

**図1-20　税を加味した P/L**

| (単位:円) | N3期 | N4期 | N5期 | N6期 |
|---|---|---|---|---|
| 売上高 | 40,000,000 | 40,000,000 | 40,000,000 | ×× |
| 減価償却費 | 10,000,000 | 10,000,000 | 10,000,000 | ×× |
| その他経費 | 20,000,000 | 20,000,000 | 20,000,000 | ×× |
| 固定資産売却益 | − | − | − | 10,000,000 |
| 税引前当期純利益 | 10,000,000 | 10,000,000 | 10,000,000 | ×× |
| 法人税、住民税及び事業税 | 3,000,000 | 3,000,000 | 3,000,000 | 3,000,000 |
| 法人税等調整額 | − | − | − | − |
| 法人税等 | 3,000,000 | 3,000,000 | 3,000,000 | 3,000,000 |
| 当期純利益 | 7,000,000 | 7,000,000 | 7,000,000 | ×× |

N6期の法人税等は、固定資産売却益に対するもののみ示す。

## 5. 経営意思決定の際には税効果会計への影響を考える習慣をつける

　今回のケースでは税効果会計を適用するような税金計算上とのズレは生じていませんが、投資案件について、税を考慮した金額での投資効果額を計算しておくのは実務上の常識です。図1-20をみると、税を考慮する前の投資効果は合計で40百万円と出ましたが、税率を30％と仮定した場合の、税を考慮した後の投資効果はN3期～N5期の3期間の税引後の当期純利益が毎期7百万円×3年＝21百万円、これにN6期の固定資産売却益の10百万円－3百万円＝7百万円の効果を合わせて28百万円の効果があったということになります。つまり、税を考慮する前に累計で40百万円だった利益は、30％の税を考慮すれば40百万円×（1－30％）＝28百万円の税引後の利益を得られた、ということになります。

　投資等の意思決定はおよそこのように、今投資した成果として、将来のキャッシュ・フローのプラス（キャッシュ・インフロー）や利益獲得がどの程度得られるか、を基準に行います。

　しかし、経営意思決定においては、複数のシナリオの中から必ずしも最善とはいえない結果を招く恐れや不確実性（リスク）を予見して用意しておかなければなりません。

　この時、シミュレーション上考慮に入れなければならないのが税効果会計の考え方です。

図1-21 経営意思決定その2

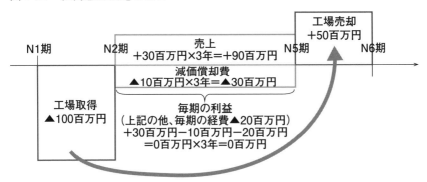

　図1-21はよく似ていますが、今度は、同じ投資案件でも、N6期首の売却額が50百万円、毎期の売上高が30百万円となったケースを想定します。

　この場合の投資効果は、次のようになります。

投資効果：工場売却50百万円－（工場取得100百万円－減価償却累計額30百万円）＝▲20百万円（P/L固定資産売却損）
利益効果：売上90百万円－減価償却費30百万円－経費60百万円＝0百万円（±0円）

　よって、トータルでは、▲20百万円の投資損失が生じる結果となりました。

　このケースでも図1-22のように税を考慮した際のP/Lの推移を示します。

図1-22 税を加味したP/L

| (単位:円) | N3期 | N4期 | N5期 | N6期 |
|---|---|---|---|---|
| 売上高 | 30,000,000 | 30,000,000 | 30,000,000 | ×× |
| 減価償却費<br>その他経費 | 10,000,000<br>20,000,000 | 10,000,000<br>20,000,000 | 10,000,000<br>20,000,000 | ××<br>×× |
| 固定資産売却損 | — | — | — | 20,000,000 |
| 税引前当期純利益 | 0 | 0 | 0 | ×× |
| 法人税、住民税及び事業税<br>法人税等調整額<br>法人税等 | —<br>—<br>— | —<br>—<br>— | —<br>—<br>— | —<br>—<br>— |
| 当期純利益 | 0 | 0 | 0 | ×× |

　少し難しい考え方ですが、ここで税効果会計の考え方を採用してみます。売却はとりあえずしないという意思決定をすることによって、N6期の▲20百万円の損失を回避します。なぜ売却をしない意思決定のプランを作ったかというと、現状では毎期の損益トントンの状況ですが、これ以上は落ち込まないであろうとの予測、また、今後工場を持ち続けていけば、簿価が低下した分だけ売却を先延ばしにすることによって、少しでも売却損の発生を防ぎ、あわよくば売却益の発生を狙うことといった理由からです。しかし、現時点では、既に事業からの収益がプラスの状態ではなく、工場売却による回収可能価額が20百万円ダウンとの見込が出てしまったため、N4期の時点で固定資産の減損損失20百万円を早めに計上することにしました。

　なお、この減損損失には税効果会計を適用でき、繰延税金資産の計上が可だったとします。また、法定実効税率は30%と仮定します。

　これらの条件設定を元にP/Lの推移を示すと図1-23のとおりとなります。

図1-23 税効果会計を加味したP/L（減損損失を計上した場合）

| (単位:円) | N3期 | N4期 | N5期 | N6期 |
|---|---|---|---|---|
| 売上高 | 30,000,000 | 30,000,000 | 30,000,000 | ×× |
| 減価償却費 | 10,000,000 | 10,000,000 | 10,000,000 | ×× |
| その他経費 | 20,000,000 | 20,000,000 | 20,000,000 | ×× |
| 固定資産売却損 | － | － | － | － |
| 減損損失 | － | 20,000,000 | － | － |
| 税引前当期純利益 | 0 | 0 | 0 | ×× |
| 法人税、住民税及び事業税 | － | － | － | － |
| 法人税等調整額 | － | ▲6,000,000 | － | － |
| 法人税等 | － | ▲6,000,000 | － | － |
| 当期純利益 | 0 | ▲14,000,000 | 0 | ×× |

　図1-23のように、将来の回収可能性を考慮し、減損損失を計上しましたが、税効果会計を適用することによって、法人税等調整額を計上することになりました。当期純利益は減損損失の計上のため、N4期の時点で赤字に転落してしまいますが、税率分だけ、マイナス幅が縮小することによって、損失確定を待ってから▲20百万円の実現損を出すよりもN6期までの投資効果のマイナス幅は小さくすんでいます。このケースでは、従来の売却パターンにおける繰越欠損金というものの存在、この後の売却額の多少や毎期の利益の出方を無視していますが、このように、税効果会計を適用することを視野に入れながら、投資案件の複数案の中から検討することは企業経営上有意義であり、税引き後の利益と損失額が最終的にいくらになるか、また、税効果会計を加味した各期の損益の出方は、という視点から経営意思決定を考える良い機会になります。

　このように、ある程度戦略的に経営を行おうと思えば、税効果会計への対応力、税引き後の損益について明るいことは決してマイナスにはなりません。

第2章では、税効果会計の業績インパクトについて、さらに解説を加えます。

> **ポイント**
> ・投資意思決定などの際には、税の影響や税引後の利益・損失はいくら、税効果会計を適用する場合の各期の損益の出方はどうか？といった視点から物事を進めることが効果的です。

# COLUMN

## 仕訳を使わずに会計を考える

　本書には、会計の専門書には通常みられない特徴があります。このコラムのタイトルに、既に出てしまっているのですが、税効果会計の会計処理、税効果会計の財務諸表への影響など、会計に関する事柄を伝える際に、"仕訳"という会計特有、簿記特有の言葉や仕組みを省きました。

　なぜかというと、財務諸表を読む・活用する立場の方からすれば、財務諸表を作成する過程で生じる仕訳という現象から入る理屈自体が絶対に必要なものではなく、むしろ、読む、分析する際に必要な財務諸表そのものの見栄えがどう変わるか、どこが変わるか、という視覚的な情報の方がより重要だと考えたからです。経営者の中には、会計、簿記を得意にしている方もいらっしゃるかと思いますが、そうではない方々も、計数感覚に明るい、財務諸表を読める経営者となっていただくことは大歓迎です。それほど財務諸表は大切なもの、そう考えると、読む側の立場で何が必要かという視点も大切です。

　仕訳から入る時点で簿記という概念が必要となり、そのための知識武装が必要になりますが、それでは、その段階にない方々が税効果会計を学ぶ場がなくなってしまいます。にもかかわらず、世の中のニュースには度々「繰延税金資産の取崩しによる多額の損失！」といった、税効果会計にとても関係のある話題が取り上げられることがあります。

　本書は、こうした世にあふれる会計のニュースの内容が少しでもいいから"分かる"ようになりたいが、会計の世界はよく分からない、難しいから億劫になっていたという方に、会計は意外と身近なものだと感じていただくためにあります。

　誤解のないように補足すると、簿記自体は大変素晴らしい技術ですので、学ぶ意義は大いにあります。余裕のある方は会計学や簿記の世界についても是非触れてください。

　ですが、言うは易し、ですね。やはり、税効果会計は難しいです。本書を読んで、会計を苦手に感じてしまわないとよいのですが。

# 第2章

# 税効果会計の業績インパクト

## 1. 税効果会計が業績に与える影響とは

　税効果会計を適用すると、P/Lの法人税等調整額という項目名を使って、当期純利益を修正する結果として業績に変化をもたらし、B/Sも変動させる可能性がある点は第1章で触れました。経営者からすれば、税効果会計の仕組みや考え方は少しずつだが分かってきた、では、税効果会計が適用されている場合に、今後の業績に与える影響を考える上で、どんなことに意識しておけば良いのか、という点について質問をされるかもしれません。まずは、税効果会計と業績への影響について整理をしておきます。

### (1) 税効果会計は安定して業績の良い会社とそうではない会社で適用の範囲が異なる

　一言でいえば、税金計算上の課税所得も含めて業績が過去から安定して良い会社では、税効果会計はフル活用できる制度、不安定な状況にあるか継続して悪い経営状態の会社においては、税効果会計の適用があまりされない、というように会社の個々の状況によって適用範囲が異なる特殊な会計というのが税効果会計の特徴です。

　特に資産の回収可能性や資産性（これを税効果会計の言葉でいうと繰延税金資産の回収可能性）という概念や、会社の**分類**という会社ごとに税効果会計の適用範囲を当てはめる制度があること、などがそうさせています。税効果会計の適用範囲の大小によって、言い換えると、会社の状況いかんで、ある事象が同時に複数の会社で起こったとしても、最終利益を修正させる調整額は異なる場合もあるということです。

　また、注意すべき点として、従来は安定した業績を上げ続けてきた経

営が、急に悪化する、著しく悪化する、継続的にだんだんと悪化するなど、長く経営を続けていれば、多少なりともこのようなリスクは考えられます。こうした場合も、会社の状況の変化に応じて税効果会計の適用範囲が変わっていくため、場合によっては、その適用範囲の変化が、法人税等調整額の調整範囲に影響し、業績を悪化させる可能性がある点も視野に入れる必要があります。

これらの税効果会計特有の仕組みの詳細については第3章で説明しますが、業績の変動が税効果会計の適用範囲などに影響するイメージとして、図2-1、2-2にまとめました。

### 図2-1 各社の業績の状況によって税効果会計の適用範囲と業績への影響が異なるイメージ

| | N1期 | N2期 | N3期 | 税効果会計の適用範囲 | 税引前利益 | 法人税、住民税及び事業税 | 法人税等調整額 | 法人税等 | 税負担率 | 当期純利益 |
|---|---|---|---|---|---|---|---|---|---|---|
| A社 | ◎ | ◎ | ○ | 大 | 2,000 | 800 | ▲200 | 600 | 30% | 1,400 |
| B社 | △ | ○ | △ | 小 | 200 | 80 | ▲5 | 75 | 37.5% | 125 |
| C社 | △ | × | × | ほぼ無し | ▲100 | 1 | なし | 1 | ▲1% | ▲101 |

各社の各項目の数値等は各期の平均的な数値をとったもの。

N1期~N3期の記号 ◎:業績が非常に良い ○:業績はほどほど良い △:業績は少しプラス ×:赤字
税効果会計の適用範囲 大:フルに適用 小:適用範囲に制約あり ほぼ無し:ほとんどの適用がない
税負担率 法人税等÷税引前利益 例:A社=法人税等600÷税引前利益2,000=30%

### 図2-2 業績が不安定になることで税効果会計の適用範囲が変更し、業績に影響を及ぼすイメージ

| | 業績 | 税効果会計の適用範囲 | 税引前利益 | 法人税、住民税及び事業税 | 法人税等調整額 | 法人税等 | 税負担率 | 当期純利益 |
|---|---|---|---|---|---|---|---|---|
| N1期~N3期 | ◎ | 大 | 2,000 | 800 | ▲200 | 600 | 30% | 1,400 |
| N4期~N8期 | △ | 大→小に縮小 | 200 | 80 | ▲5 | 75 | 37.5% | 125 |
| N9期~ | × | 小→ほぼ無しに縮小 | ▲100 | 1 | なし | 1 | ▲1% | ▲101 |

各項目の数値等は各期の平均的な数値をとったもの。

業績の記号 ◎:業績が非常に良い ○:業績はほどほど良い △:業績は少しプラス ×:赤字
税効果会計の適用範囲 大:フルに適用 小:適用範囲に制約あり ほぼ無し:ほとんどの適用がない
税負担率 法人税等÷税引前利益 例:N1期~N3期=法人税等600÷税引前利益2,000=30%

> **ポイント**
>
> ・税効果会計は、会社の業績や課税所得の状況に応じて、適用範囲が異なるため、適用範囲の大小によって、業績に与える影響が変わります。
> ・業績が悪化傾向にあるとき、急な悪化や著しい悪化に見舞われた際には、税効果会計の適用範囲の縮小を検討しなければなりません。その場合、税効果会計による法人税等調整額の調整範囲に影響し、さらに当期純利益の悪化を招く場合もあります。税効果会計の適用状況を踏まえた業績管理が必要です。

## 2. 税効果会計で財務諸表のココが動く

　税効果会計の適用によって、結局のところ財務諸表にどのような影響が生じるか、ということが経営者として最も大きな関心事になるのが自然であり、細かいことはいいから、結果どうなるかを知りたい、というのが本音ではないでしょうか。

　税効果会計は会計基準などのボリュームや難解さでいうと相当なものなのですが、結果として現れる財務諸表に表示される箇所としてはそれほど多くはありません。ですから、税効果会計の項目が表示される財務諸表を読む、という視点から出発すると、各々のパターンがある程度分かれば、この用語が出れば、この項目に変動があれば、最終的には業績にこのように影響するのだろう、という推測ができるようになりますし、理解としてはそれで十分です。

　まずは、税効果会計の各項目の増減と業績の増減との関連性を一覧化した図2-3を見てください。なお、繰延税金資産、繰延税金負債という聞きなれない言葉が出てきますが、単に資産、負債と置き換えていただいて構いません。これらの用語の詳しい解説は後ほどします。

## 図2-3　税効果会計と財務諸表の変動パターンのイメージ

| | 繰延税金資産(資産)<br>増加↑/減少↓ | 繰延税金負債(負債)<br>増加↑/減少↓ | 法人税等調整額(法人税等)<br>税負担増↑/税負担減↓ | 当期純利益(最終利益)<br>増加↑/減少↓ | 純資産<br>増加↑/減少↓ |
|---|---|---|---|---|---|
| ① | ↑ | なし | ↓ | ↑ | ↑ |
| ② | ↓ | なし | ↑ | ↓ | ↓ |
| ③ | なし | ↑ | ↑ | ↓ | ↓ |
| ④ | なし | ↓ | ↓ | ↑ | ↑ |
| ⑤ | ↑ | ↑ | ↓ | ↑ | ↑ |
| ⑥ | ↓ | ↓ | ↑ | ↓ | ↓ |
| ⑦ | ↑ | ↑ | 資産増>負債増 ↓<br>資産増<負債増 ↑ | 資産増>負債増 ↑<br>資産増<負債増 ↓ | 資産増>負債増 ↑<br>資産増<負債増 ↓ |
| ⑧ | ↓ | ↓ | 資産減>負債減 ↑<br>資産減<負債減 ↓ | 資産減>負債減 ↓<br>資産減<負債減 ↑ | 資産減>負債減 ↓<br>資産減<負債減 ↑ |

　資産側が増加傾向にある際には、税効果会計の法人税等調整額は減額調整を行い利益が増加、負債側が増加傾向にある際には、税効果会計の法人税等調整額は増額調整を行い利益が減少するという理屈になっています。

　図2-3をみると繰延税金資産と繰延税金負債のいずれか一方しか生じないこともあれば、両方とも生じる場合があるのだな、ということがわかります。なお、公表される財務諸表では連結財務諸表作成会社の場合には、繰延税金資産と繰延税金負債の双方ともに表示される場合があります。一方、単体のみの財務諸表提出会社では、現在の企業会計上は、繰延税金資産と繰延税金負債が同じ期に同時に表示されないルールとなっています。これらの論点は、次項「3. 税効果会計に関係する代表的な勘定科目」でくわしく解説します。

　続いて、図2-4と図2-5は税効果会計が財務諸表の数字に影響を与えるイメージ図です。今は、くわしく分からなくても大丈夫ですので、税効果会計の適用によって、例えば、繰延税金資産が前の期よりも増加す

ると、税額、利益、純資産が変動するので、財務諸表に影響を及ぼすとイメージしてください。

**図2-4　繰延税金資産が増加した際のB/S、P/Lの増減イメージ①**

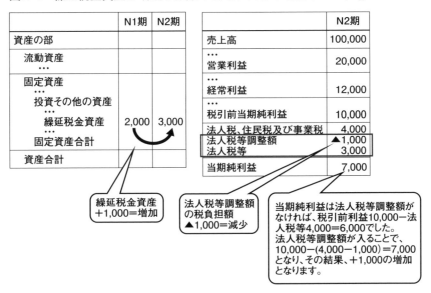

**図2-5　繰延税金資産が増加した際のB/S、P/Lの増減イメージ②**

このように、税効果会計の適用は、毎期のB/SとP/Lの変動に影響し、時に大きな事象の発生や解消、あるいは会社の経営状態の良否が税効果会計の適用範囲に影響し、さらに財務諸表に大きな変動を及ぼす可能性も秘めています。

こうした影響があることから、普段の報告では、本業や管理可能な数字報告を中心に受けているかと思われますが、決算期末前後には、税効果会計の適用に伴うB/SとP/Lの変動状況についても確認が必要です。

なお、連結財務諸表で繰延税金資産と繰延税金負債の双方が財務諸表に表示されている場合の税効果会計の適用による財務諸表への変動の影響は次の図2-6、2-7のように考えます。

**図2-6　繰延税金資産の増加 ＞ 繰延税金負債の増加の場合のB/S、P/Lの増減イメージ①**

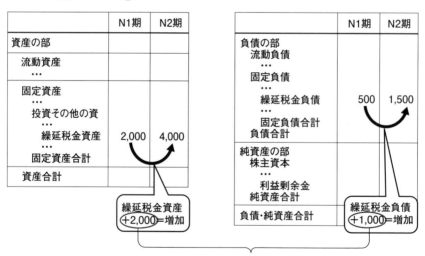

## 2. 税効果会計で財務諸表のココが動く   53

### 図 2-7　繰延税金資産の増加 ＞ 繰延税金負債の増加の場合の B/S、P/L の増減イメージ②

|  | N2期 |
|---|---|
| 売上高 | 100,000 |
| ･･･ | |
| 営業利益 | 20,000 |
| ･･･ | |
| 経常利益 | 12,000 |
| ･･･ | |
| 税金等調整前当期純利益 | 10,000 |
| 法人税、住民税及び事業税 | 4,000 |
| 法人税等調整額 | ▲1,000 |
| 法人税等 | 3,000 |
| 当期純利益 | 7,000 |

|  | N1期 | N2期 |
|---|---|---|
| 負債の部 | | |
| ･･･ | | |
| 純資産の部 | | |
| 　株主資本 | | |
| 　･･･ | | |
| 　　利益剰余金 | | 7,000 |
| 　純資産合計 | | |
| 負債・純資産合計 | | |

法人税等調整額の税負担額 ▲1,000＝減少

当期純利益は、法人税等調整額がない時の税引前利益10,000－法人税等4,000＝6,000に比べ、法人税等調整額が入り、10,000－(4,000－1,000)＝7,000になり、＋1,000の増加となります。

繰延税金資産の増加 ＞ 繰延税金負債の増加 → 繰延税金資産増加幅の方が大 → 法人税等調整額の税負担減 → 利益＋1,000 ＝ 純資産＋1,000 となります。

　連結財務諸表提出会社で繰延税金資産と繰延税金負債の双方が出現するパターンでも考え方は同じです。両者を仮に相殺したとすれば、どちらの増加幅、減少幅が大きいか比較が可能ですので、その増減パターンから P/L への影響、B/S の純資産への影響を考慮すれば足りることになります。

　なお、業績管理という観点からは、税効果会計の P/L での調整は税引前利益から当期純利益の間で行われますので、当期純利益にはダイレクトに影響してきますが、営業利益や経常利益などの税引前利益よりも前の利益を管理する上では、税効果会計による業績への影響を考えずに管理できるとも言い換えられます。この点では、税効果会計は、決算期（四半期・期末）特有の会計論点ともいえます。

> **ポイント**
> ・税効果会計の適用によって、財務諸表のココが動く、業績変動はこのように起こるという標準的なパターンを押さえておくとよいです。
> ・連結財務諸表提出会社の場合は、繰延税金資産と繰延税金負債の両方が計上される場合があります。その時にも資産側の増減と負債側の増減を比較して、どちらか割合の大きい方からみて、P/Lの動き、B/Sの純資産の動きを考えるとよいでしょう。

## 3. 税効果会計に関係する代表的な勘定科目

　勘定科目というのは、会計の世界で使われる用語の一つで、財務諸表に表示される科目名称のこと、例えば、現金や売掛金などのことです。

　ここからは、少し専門的になりますが、税効果会計の仕組みについて解説します。財務諸表を読む、分析する、社内に財務諸表作成を任せる立場の経営層の方々には普段馴染みのない論点の学習となりますが、良い機会なので、勉強を兼ねて仕組みをもう少し詳しく知りたいという場合は是非ご覧ください。

### (1)　税効果会計の仕組み

　第1章で税効果会計とは、専門的な言葉で説明すると、企業会計の資産・負債の額と、課税所得を計算する際の資産・負債の額に違いがある場合に、利益などを課税標準としている法人税等の金額を適当な期間に配分することで、会計上の税引前当期純利益と法人税等の金額を適切に対応させるような手法のことだ（税効果会計基準　第一　税効果会計の目的）、と紹介しました。

　その上で、企業会計上の利益と税金計算上の課税所得のズレをP/L上調整させることで、同じ税引前利益、税率ならば、同じ税額（税負担額）、当期純利益になるのが自然なので、整合させるための手続が税効果会計という説明をしました。

　実務上、この説明でも特段大きな問題はないのですが、会計基準が求める税効果会計の仕組みはB/S側のアプローチから出発することになります。それは、上の説明でも、"企業会計の資産・負債の額と、課税所得を計算する際の資産・負債の額に違いがある場合に"と触れたよう

に、会計基準の考え方自体がB/S側のズレに着目することを表しています。

それには、一時差異等と永久差異という概念の理解が必要となりますので、仕組みとともに各用語の理解をしましょう。

## (2) 一　時　差　異

P/Lの税率を乗じる前の利益、つまり税引前利益は、税金計算上もそのまま認められれば差異は生じませんが、実際には差異が全く生じないということはほぼありえません。この差異の種類は、一時差異、永久差異、一時差異等の"等"に該当するもの、というものに大別されます。まずは一時差異の説明です。

一時差異は、貸倒引当金や賞与引当金といったものが代表例となります。企業会計上は、引当金計上をする事象が発生したため、P/Lの費用又は損失に計上するとともに、B/Sでは負債の部又は資産の部のマイナスとして計上をします。ところが、税金計算上はまだ債務が確定していない現象として、費用又は損失計上（損金計上）は認められません。費用や損失の計上によって、利益が小さくなったまま税率を乗じたら、少ない税額が適用されてしまいますが、これを認めないことによって、企業会計上の利益を出発点にして、別表で加算（この場合、損金不算入）する、という形を取って再計算するため、課税所得という段階で金額を上げます。なお、税金計算上、"認めない"とすることを否認するといいます。否認と出てきたら、税金計算上認めないということだと理解するとよいでしょう。

増加した課税所得に税率を乗じた税額は、企業会計上の利益とは異なるところで再計算された課税所得ベースの金額です。企業会計上の利益と税金計算上の課税所得には棲み分けがあり、企業会計上は費用や損失

と認めたまま、税金計算上は、今は認められませんよ、という取扱いを設けることによって、2つの制度を併存させています。

さて、企業会計上で計上した時点では否認されましたが、このままでは終わりません。引当金計上の結果税金計算上は認められていなかった事象が確定すれば、税金計算上も損金（企業会計上の費用や損失と似た概念）として認めます、ということになります。例えば、引当金を計上した翌期に、企業会計上は追加の費用計上や損失は発生せず、支払によって、あらかじめ引き当ててあった金額を取り崩すことで会計処理が終了したとします。税金計算上は、これでようやく確定した事実となったと受け止め、減算（これを"認めますよ"という意味で認容ともいいます。）して、今度は税金計算上の課税所得を減らす手順に移ります。この時、企業会計上の利益はこの要因に関してはもうプラスもマイナスもないはずですが、課税所得だけは下がり、これに税率を乗じた低い税額とすることで、発生時（企業会計上のみ認める）と解消時（税金計算上のみ認める）のズレが時期を隔てて、プラスマイナスゼロ（企業会計の2期間合計と、税金計算の2期間合計の一致）となります。これらのイメージを示したものが図2-8〜2-10です。

## 図2-8 賞与引当金を例にとった一時差異のイメージ①

|  | N1期 | N2期 |
|---|---|---|
| 負債の部 |  |  |
| 　流動負債 |  |  |
| 　　… |  |  |
| 　　賞与引当金 | 1,000 | — |
| 　　… |  |  |
| 　　流動負債合計 |  |  |
| 　固定負債 |  |  |
| 　　… |  |  |
| 　負債合計 |  |  |
| 純資産の部 |  |  |
| 　株主資本 |  |  |
| 　　… |  |  |
| 　　利益剰余金 |  |  |
| 　純資産合計 |  |  |
| 負債・純資産合計 |  |  |

（N1期に賞与引当金を企業会計上計上。N2期に支払ったので取り崩して解消。）

|  | N1期 | N2期 |
|---|---|---|
| 売上高 | 100,000 | 100,000 |
| … |  |  |
| 賞与引当金繰入額 | 1,000 |  |
| … |  |  |
| 営業利益 |  |  |
| … |  |  |
| 経常利益 |  |  |
| … |  |  |
| 税引前当期純利益 |  |  |
| 法人税、住民税及び事業税 |  |  |
| 法人税等調整額 |  |  |
| 法人税等 |  |  |
| 当期純利益 |  |  |

（N1期に賞与引当金繰入額として費用計上。その分、企業会計上の利益は▲1,000減少する。N2期のP/L発生額はなし。）

## 図2-9 N1期の別表4のイメージ（抜粋）

| 区分 |  | 総額 | 処分 | |
|---|---|---|---|---|
|  |  |  | 留保 | 社外流出 |
|  |  | ① | ② | ③ |
| 当期利益又は当期欠損の額 | 1 |  |  |  |
| 加算 | 損金経理をした法人税及び地方法人税 | 2 |  |  |  |
|  | （中略） |  |  |  |  |
|  | 賞与引当金繰入額否認 | 9 | 1,000 |  |  |
|  |  | 10 |  |  |  |
|  | 小　計 | 11 |  |  |  |
| 減算 | 減価償却超過額の当期認容額 | 12 |  |  |  |
|  | （中略） |  |  |  |  |
|  | 小　計 | 21 | 0 |  |  |
|  | 仮　計 | 22 |  |  |  |
| （中略) |  |  |  |  |  |
| 所得金額又は欠損金額 | 49 |  |  |  |  |

（課税所得は、企業会計上の利益を出発し、賞与引当金繰入超過額1,000を加算し増加した金額をベースとします。これに税率を乗じて求めるのが基本となります。）

## 3. 税効果会計に関係する代表的な勘定科目

**図 2-10　N2 期の別表 4 のイメージ（抜粋）**

| 区分 | | 総額 | 処分 | |
|---|---|---|---|---|
| | | | 留保 | 社外流出 |
| | | ① | ② | ③ |
| 当期利益又は当期欠損の額 | 1 | | | |
| 加算 | 損金経理をした法人税及び地方法人税 | 2 | | | |
| | (中略) | | | | |
| | 賞与引当金繰入額否認 | 9 | | | |
| | | 10 | | | |
| | 小　　　計 | 11 | | | |
| 減算 | 減価償却超過額の当期認容額 | 12 | | | |
| | (中略) | | | | |
| | 賞与引当金繰入額認容 | 20 | 1,000 | | |
| | 小　　　計 | 21 | | | |
| | 仮　　　計 | 22 | | | |
| (中略) | | | | | |
| 所得金額又は欠損金額 | 49 | | | | |

> N2 期で支払確定により税金計算上は認容し、課税所得を減算させます。このため、他に変動要因がなければ、企業会計上の利益を出発点として、▲1,000 を減算調整した低い金額をベースに税額が計算されます。
> これで、1 つの要因から生じた利益と税額は時期をまたいで整合します。

　企業会計上も税金計算上も税率は 30% とした場合の企業会計上の税額と税金計算上の税額は次のイメージのとおりとなり、引当金の発生年度と解消年度の合計で見れば、ズレは時期を隔てて調整され、整合するという仕組みです。両者を比較した際、2 期間の合計で見れば、税額は 6,000 で一致します。なお、企業会計上の税引前利益を 10,000 とします。

(企業会計上の税額イメージ)

|  | N1 期 | N2 期 | 合計 |
|---|---|---|---|
| 税引前利益 | 10,000 | 10,000 | 20,000 |
| 税率 | × 30% | × 30% | − |
| 税額 | 3,000 | 3,000 | 6,000 |

(税金計算上の税額イメージ)

|  | N1 期 | N2 期 | 合計 |
|---|---|---|---|
| 税引前利益 | 10,000 | 10,000 | 20,000 |
| 加算(賞与引当金繰入額否認) | + 1,000 | − | + 1,000 |
| 減算(賞与引当金繰入額認容) | − | ▲ 1,000 | ▲ 1,000 |
| 課税所得 | 11,000 | 9,000 | 20,000 |
| 税率 | 30% | 30% | − |
| 税額 | 3,300 | 2,700 | 6,000 |

2期合計では整合(一致)する!

　このように、企業会計上の利益と税金計算上の課税所得のズレがあるが、そのズレは一時で解消するものを代表して一時差異と仮に呼ぶこととします。

　しかし、一時差異を専門的にいうと、企業会計上のB/Sに計上される資産・負債の額と、課税所得を計算する際の(税金計算上の)資産・負債の額との差額のことをいいます(税効果会計基準 第二・一2.)。つまり、B/Sをベースにした考え方です。
　では、これをどう考えるか、説明を続けます。
　一時差異は、確かに企業会計上の利益と税金計算上の課税所得との差異です。しかし、P/Lの計上でズレが生じているならば、B/Sでもズレは生じています。図2-11のようなイメージです。

3. 税効果会計に関係する代表的な勘定科目　61

### 図 2-11
### 一時差異のイメージ①

**企業会計上のP/Lのイメージ**

|  | N1期 | N2期 |
|---|---|---|
| 売上高 | 100,000 | 100,000 |
| … | | |
| 賞与引当金繰入額 | 1,000 | ― |
| … | | |
| 営業利益 | | |
| … | | |
| 経常利益 | | |
| … | | |
| 税引前当期純利益 | | |
| 法人税、住民税及び事業税 | | |
| 法人税等調整額 | | |
| 法人税等 | | |
| 当期純利益 | | |

> 企業会計上は、N1期に費用が生じたと考える。

**税金計算上のP/Lのイメージ**

|  | N1期 | N2期 |
|---|---|---|
| 売上高 | 100,000 | 100,000 |
| … | | |
| 賞与 | ― | 1,000 |
| … | | |
| 営業利益 | | |
| … | | |
| 経常利益 | | |
| … | | |
| 税引前当期純利益 | | |
| 法人税、住民税及び事業税 | | |
| 法人税等調整額 | | |
| 法人税等 | | |
| 当期純利益 | | |

> 税金計算上は、N2期に賞与という確定債務（＝損金）が生じたと考える。

### 一時差異のイメージ②

**企業会計上のB/Sのイメージ**

|  | N1期 | N2期 |
|---|---|---|
| 負債の部 | | |
| 　流動負債 | | |
| 　　… | | |
| 　　賞与引当金 | 1,000 | ― |
| 　　… | | |
| 　流動負債合計 | | |
| 　固定負債 | | |
| 　　… | | |
| 　負債合計 | | |
| 純資産の部 | | |
| 　株主資本 | | |
| 　　… | | |
| 　　利益剰余金 | ▲1,000 | ― |
| 　純資産合計 | ▲1,000 | ― |
| 負債・純資産合計 | | |

> 企業会計上、N1期に引当金計上で、利益が▲1,000、純資産も▲1,000と考える。

**税金計算上のB/Sのイメージ**

|  | N1期 | N2期 |
|---|---|---|
| 負債の部 | | |
| 　流動負債 | | |
| 　　… | | |
| 　　賞与引当金 | ― | ― |
| 　　… | | |
| 　流動負債合計 | | |
| 　固定負債 | | |
| 　　… | | |
| 　負債合計 | | |
| 純資産の部 | | |
| 　株主資本 | | |
| 　　… | | |
| 　　利益剰余金 | ― | ▲1,000 |
| 　純資産合計 | ― | ▲1,000 |
| 負債・純資産合計 | | |

> 税金計算上、N2期に現金のマイナス（支払）で、賞与を支給した＝利益がN2期に▲1,000＝純資産も▲1,000と考える。

図2-11のように、結局のところ、P/Lの差は、B/Sの差となり現れることが分かります。差異額も同額ですし、差異の発生と解消のタイミングもP/LとB/Sで同じ時期となります。ならば、B/Sで生じる企業会計上と税金計算上の資産・負債差額の差異を持って、一時差異と呼ぶこともできるはずです。

なぜ、このようにB/Sベースでの差異を認識させたかというと、もう1つ理由があります。それは、P/Lには出てこない、**評価差額の含み損益**という存在です。具体的には、その他有価証券という区分が適用されている投資有価証券などを保有する際の含み損益については、基本的に企業会計上、有価証券評価差額金というB/Sの中の純資産の部の増減で表示させることで完結させ、P/Lには含み損益の影響は出てこないという会計処理を取ります（本書では詳しく説明しませんが、全部純資産直入法という手法を取った場合となります）。この評価差額も、潜在的には税額を増減させる効果があります。

例えば、N1期において、当社が投資有価証券10,000を保有し、時価が12,000だったとすると、含み益は2,000です。しかし、これを仮に今売却したとすれば、税率が30%とすると、2,000の売却益に対し、30%相当の600の税金が課税され、利益額も同額減少する要因となります。つまり、含み益の税金分を控除した実質的な含み益は、2,000 － 600 ＝ 1,400ですよ、というのが税効果会計を適用した際の考え方です。

同様に、含み損であれば、これ以外の取引で利益が出ていれば、利益との相殺要因になるはずですから、企業会計上この含み損部分には税金を潜在的に減らす可能性があるといえます。このように、潜在的な評価損益は、企業会計上計算される税額という意味では、売却時期が到来していなくても、税額を増減させる効果はあり、これも税効果会計の範囲に含めるのが自然だということです。

ところが、税金計算上は、この含み損益は企業会計上では時価の変動を適切に表すために必要な会計処理かもしれないが、税金計算上まだ実現していないので、原則として、売却などの事実があった時に、初めて損益を確定させ、税額も確定させるという立場を取ります。理屈は、先ほどの引当金の話と一緒ですね。そう考えると、有価証券評価差額金の変動は、P/L の計上はなくても、引当金の時と同じように、一時差異の考え方、税効果会計の考え方には近いものがあり、税効果会計を適用するのに、B/S 側のアプローチでも何ら問題はないことが分かります。これをイメージで示したのが図 2-12 です。ここでは、税率を無視した含み損益 2,000 について、企業会計上と税金計算上で異なる取扱いをするということが理解できれば十分です。

### 図 2-12　有価証券評価差額金の差異のイメージ

**企業会計上のB/Sのイメージ**

|  | N1期 | N2期 |
|---|---|---|
| 負債の部 |  |  |
| 　… |  |  |
| 　負債合計 |  |  |
| 純資産の部 |  |  |
| 　株主資本 |  |  |
| 　　… |  |  |
| 　　利益剰余金 | ― | ― |
| 　その他の包括利益累計額 | ― | ― |
| 　　その他有価証券評価差額金 | 2,000 |  |
| 　　… |  |  |
| 　　その他の包括利益累計額合計 | 2,000 | ― |
| 　純資産合計 | 2,000 | ― |
| 負債・純資産合計 |  |  |

> 企業会計上、P/L 発生はないが、純資産の部の含み損益が純資産を増減させる。
> ここから、税効果会計を適用したとすれば、税率30%とすると、2,000×30％＝600を差し引いた1,400が実質的な含み益ということになる。

**税金計算上のB/Sのイメージ**

|  | N1期 | N2期 |
|---|---|---|
| 負債の部 |  |  |
| 　… |  |  |
| 　負債合計 |  |  |
| 純資産の部 |  |  |
| 　株主資本 |  |  |
| 　　… |  |  |
| 　　利益剰余金 | ― | ― |
| 　その他の包括利益累計額 | ― | ― |
| 　　その他有価証券評価差額金 | ― | ― |
| 　　… |  |  |
| 　　その他の包括利益累計額合計 | ― | ― |
| 　純資産合計 | ― | ― |
| 負債・純資産合計 |  |  |

> 税金計算上、有価証券評価差額金の増減は含み損益で実現していないので、ないものと考える。

この含み損益分は基本的に P/L には出ないことから、P/L 差額のみで企業会計上と税金計算上の差異を調整しようとすると、どうしてもつ

じつまが合わなくなるという課題を抱えています。そこで、図2-13に示すように、差異をB/S面からとらえて一時差異をつかまえれば、P/Lで表示されている事象もB/Sのみにしか出現しない事象も両方カバーできるというわけです。

あらためると、一時差異は、企業会計上のB/Sに計上される資産・負債の額と、課税所得を計算する際の（税金計算上の）資産・負債の額との差額との考え方を会計基準上とっていますが、それは、こうしたB/S面の事象の変動も的確におさえようという考え方の現れと取ることもできます。

### 図2-13　B/S面から促える一時差異の把握

| |
|---|
| P/Lの差異は、課税所得の加算・減算調整で現れます。しかし、有価証券評価差額など、P/Lに表れないものは、P/L差額だけでカバーできない、という課題があります。 |

| |
|---|
| B/S差額は、税金計算上のB/S差額でも現れます。P/Lと課税所得の差異の方が理解はしやすいですが、上記の課題があり、B/S差額を比較する方がより適切といえそうです。 |

| |
|---|
| そこで、税効果会計の適用に当たって基準等では、企業会計上と税金計算上（課税所得計算上）の資産・負債の金額の差額を取りましょう、としたわけです。 |

一時差異は、税効果会計基準では、次のような場合に生ずるとされています（同第二・一2　①②）。

① 収益や費用が帰属する年度が相違する場合

② 資産の評価替えによって生じた評価差額が直接純資産の部に計上

されて、かつ、課税所得の計算には含まれない場合

①は引当金の例でみたようなケース、②が有価証券評価差額金のケースです。

このように、一時差異が生じている事象については、税効果会計の対象にして、企業会計上と税金計算上のズレをB/Sの資産・負債側からみて調整し、その調整は主にP/Lの法人税等調整額を通じて行うという仕組みをとっています。

## (3) 永久差異

第1章でも永久差異という言葉を少し出しました。永久差異というものに該当すると、結論からいえば、税効果会計の適用対象外という扱いをします。該当する例としては、交際費の損金不算入額や受取配当金の益金不算入という項目が代表的な例です。

交際費については、企業会計上費用に計上しても、冗費（無駄使い）の観点から費用計上の限度額に制約を課して、いたらずらに企業利益を低めて税金を過度に低くするというようなことが行われないように、企業会計上の費用計上は認めても、税金計算上は否認して損金不算入の扱いとし、課税所得の計算上加算を行うものです。また、受取配当金の益金不算入はその逆で、企業会計上は収益に計上しますが、課税所得の計算上、一定の要件を満たすものについて、益金不算入と扱って減算します。

では次に、なぜこれらは、企業会計上と税金計算上との間に差異があるにも関わらず、税効果の対象とならないか、という点です。その理由は、このズレは一時差異のように解消時期があるものに対して、永久に差異が解消されないからということになります。交際費も受取配当金も発生年度に税金計算上で加減算を行いますが、一定の時期が来たら、あ

の時の損金不算入や益金不算入は解消したから逆に損金として認める、益金にするということは制度上ありえず、永久に差異は解消されません。交際費や受取配当金の一定額については、そのような取扱いがされるのだな、と理解してください。

永久差異となる項目が発生した場合のイメージは図2-14〜2-16のとおりです。

### 図2-14　交際費の損金不算入

| | N1期 |
|---|---|
| 売上高 | |
| ...<br>交際費<br>... | 1,000 |
| 営業利益 | |
| ...<br>経常利益 | |
| ...<br>税引前当期純利益 | ▲1,000 |
| 法人税、住民税及び事業税<br>法人税等調整額<br>法人税等 | |
| 当期純利益 | ▲1,000 |

交際費を計上した分だけ、利益が同額マイナス(他に損益が生じないと仮定した場合)

| | N1期 |
|---|---|
| 負債の部<br>...<br>負債合計 | |
| 純資産の部<br>株主資本<br>...<br>利益剰余金<br>純資産合計 | ▲1,000 |
| 負債・純資産合計 | |

交際費を計上した分だけ、利益剰余金が同額マイナス(他に損益が生じないと仮定した場合)

3. 税効果会計に関係する代表的な勘定科目　　67

### 図 2-15　N1 期の別表 4 のイメージ（抜粋）

| 区分 | | 総額 ① | 処分 | |
|---|---|---|---|---|
| | | | 留保 ② | 社外流出 ③ |
| 当期利益又は当期欠損の額 | 1 | | | |
| 加算 | 損金経理をした法人税及び地方法人税 | 2 | | | |
| | (中略) | | | | |
| | 交際費等の損金不算入額 | 8 | 1,000 | | |
| | (中略) | | | | |
| | 小　　　計 | 11 | | | |
| 減算 | 減価償却超過額の当期認容額 | 12 | | | |
| | (中略) | | | | |
| | 小　　　計 | 21 | 0 | | |
| | 仮　　　計 | 22 | | | |
| (中略) | | | | | |
| 所得金額又は欠損金額 | 49 | | | |

> 交際費等の損金算入できる限度額を超えたものは損金不算入とされ、課税所得に加算されます。

### 図 2-16　N2 期以降の別表 4 のイメージ（抜粋）

| 区分 | | 総額 ① | 処分 | |
|---|---|---|---|---|
| | | | 留保 ② | 社外流出 ③ |
| 当期利益又は当期欠損の額 | 1 | | | |
| 加算 | 損金経理をした法人税及び地方法人税 | 2 | | | |
| | (中略) | | | | |
| | 交際費等の損金不算入額 | 8 | | | |
| | (中略) | | | | |
| | 小　　　計 | 11 | | | |
| 減算 | 減価償却超過額の当期認容額 | 12 | | | |
| | (中略) | | | | |
| | 小　　　計 | 21 | | | |
| | 仮　　　計 | 22 | | | |
| (中略) | | | | | |
| 所得金額又は欠損金額 | 49 | | | |

> 交際費等の損金不算入は永久に減算という調整がされないので、加算された年度で税金計算上の処理が終わりとなります。

そうなると、これまで、企業会計上と税金計算上のズレがあり、同じ利益、同じ税率ならば、同じ税額、同じ利益になるのが自然だという理屈で解説をしてきたことと矛盾するような気がします。

ここでもう一度、税効果会計基準の考え方に戻ります。

税効果会計とは、企業会計の資産・負債の額と、課税所得を計算する際の資産・負債の額に違いがある場合に、利益などを課税標準としている**法人税等の金額を適当な期間に配分すること**で、会計上の税引前当期純利益と法人税などの金額を適切に対応させるような手法のことでした。

永久差異を考える際、太字の部分が重要なキーワードとなります。"法人税などの金額を適当な期間に配分すること"によって、税引前利益と法人税等の額を対応させることが目的なわけです。

図2-17を見てください。N1期に税金計算上否認される貸倒引当金を計上し、N2期で税金計算上認容がされた場合のP/Lですが、本来1,000,000の税引前利益に対して、税率30%とすると300,000の法人税等の額とならないといけないところ、何も調整がなければ、N1期は360,000、N2期は240,000の法人税等となってしまうものでした。

3. 税効果会計に関係する代表的な勘定科目　69

図 2-17　税効果会計を適用しない N1 期と N2 期の P/L

| | N1期 | | N2期 | | 合計 |
|---|---|---|---|---|---|
| …<br>貸倒引当金繰入額<br>… | 200,000 | | — | | 200,000 |
| 税引前当期純利益 | 1,000,000 | 100% | 1,000,000 | 100% | 2,000,000 |
| 税金計算上の調整<br>（加算・減算） | +200,000 | | ▲200,000 | | — |
| 課税所得 | 1,200,000 | | 800,000 | | 2,000,000 |
| 法人税、住民税及び事業税 | 360,000 | 36% | 240,000 | 24% | 600,000 |
| 法人税等 | 360,000 | | 240,000 | | 600,000 |
| 当期純利益 | 640,000 | 64% | 760,000 | 76% | 1,400,000 |

> 税率は30%なのに、税引前当期純利益に対する法人税、住民税及び事業税の金額割合は、N1期36％、N2期24％となっている。

正しい税金計算ができているし、2期合計すれば、税額、利益の合計額は税引前当期純利益 2,000,000 の 30%、70% で対応しています。
しかし、N1期、N2期各期の期間損益計算は税金計算を優先させたばかりに歪められている結果となっています。

そこで、図 2-18 のような調整を行って、各期の損益が税引前利益と税率に対応するようにするのが税効果会計の処理でした。

図 2-18　税効果会計を適用する N1 期と N2 期の P/L

| | N1期 | | N2期 | | 合計 |
|---|---|---|---|---|---|
| …<br>貸倒引当金繰入額<br>… | 200,000 | | — | | 200,000 |
| 税引前当期純利益 | 1,000,000 | 100% | 1,000,000 | 100% | 2,000,000 |
| 法人税、住民税及び事業税 | 360,000 | 36% | 240,000 | 24% | 600,000 |
| 法人税等調整額 | ▲60,000 | ▲6% | 60,000 | 6% | |
| 法人税等 | 300,000 | 30% | 300,000 | 30% | 600,000 |
| 当期純利益 | 700,000 | 70% | 700,000 | 70% | 1,400,000 |

> 税率30%に整合させ、同じ税額、同じ当期純利益になるように法人税等調整額という項目で調整する。

正しい税金計算ができているし、2期合計すれば、税額、利益の合計額も税引前当期純利益 2,000,000 の 30%、70% に対応しています。
さらに、N1期、N2期各期の期間損益計算ができるよう、法人税等調整額という項目を設けて、各期の税額合計（法人税等）と当期純利益も各期の税引前当期純利益に対して、30%、70% の割合で対応しています。

これは、言い換えると、あるべき法人税等300,000となるように、企業会計上と税金計算上の税額の差異60,000がN1期に発生し、N2期に解消するので、これを適切な期間に再度配分しなおすことによって、税引前利益と法人税等が思ったとおりに対応し、300,000に調整できたとみることができます。

**図2-19 税効果会計を適用するN1期とN2期のP/L**

| | N1期 | | N2期 | | 合計 |
|---|---|---|---|---|---|
| ... | | | | | |
| 貸倒引当金繰入額 | 200,000 | | — | | 200,000 |
| ... | | | | | |
| 税引前当期純利益 | 1,000,000 | 100% | 1,000,000 | 100% | 2,000,000 |
| 法人税、住民税及び事業税 | 360,000 | 36% | 240,000 | 24% | 600,000 |
| 法人税等調整額 | ▲60,000 | ▲6% | 60,000 | 6% | |
| 法人税等 | 300,000 | 30% | 300,000 | 30% | 600,000 |
| 当期純利益 | 700,000 | 70% | 700,000 | 70% | 1,400,000 |

> 200,000という税金計算上調整が必要な差異の税率30%分、60,000を発生したN1期と解消したN2期に適切に期間配分しなおす。

> この適切な期間配分ができてはじめて、税引前利益に対応する法人税等になる。

このように考えると、企業会計上と税金計算上で差異が生じた場合、ある年度で法人税等調整額をプラス調整したら将来年度でマイナス調整する時がくること、また、ある年度で法人税等調整額をマイナス調整したらプラス調整する時がくること、という前提が必要になります。

しかし、永久差異の場合、加算された課税所得は後になって調整されることはないため、法人税等をそもそも適切な期間に配分する先がないということになります。このため、永久差異は、確かに差異は生じているのだが、税効果会計の対象にはしないという決まりにしています。

図2-20は、交際費200,000の全額が損金不算入だった場合で税率

30%だったと仮定する際のP/Lの例示ですが、図のように、企業会計上と税金計算上の差異はあっても、この差異から生じる法人税等（＝200,000 × 30%）を適切な期間に配分することができません（加算された課税所得が永久的に減算調整されることがなく、発生した差異の解消が永久にこない）。だから、税効果会計の対象とはならず、法人税等調整額の調整もされないという結論になります。永久差異があると、税引前利益に対応する法人税等300,000にはならないという結果となるわけですね。

### 図2-20　永久差異のP/L

|  | N1期 |  | N2期 |  | 合計 |
| --- | --- | --- | --- | --- | --- |
| … |  |  |  |  |  |
| 交際費 | 200,000 |  | — |  | 200,000 |
| … |  |  |  |  |  |
| 税引前当期純利益 | 1,000,000 | 100% | 1,000,000 | 100% | 2,000,000 |
| 法人税、住民税及び事業税 | 360,000 | 36% | 300,000 | 30% | 660,000 |
| 法人税等調整額 | — |  | — |  |  |
| 法人税等 | 360,000 | 36% | 300,000 | 30% | 660,000 |
| 当期純利益 | 640,000 | 64% | 700,000 | 70% | 1,340,000 |

1,000,000（税引前当期純利益）
＋200,000（交際費の損金不算入）
＝1,200,000が税金計算のベースとなる。
1,200,000×30%（税率）＝360,000が税額となる。

200,000という税金計算上調整が必要な差異の税率30%分、60,000は、N1期の税金計算上加算されるが、以後減算調整はない。よって、差異から生じる税額を適切な期間に配分することはできない＝税効果会計の適用対象外とする。

税効果会計の適用がない＝適切な期間配分はされないので、税引前利益に対応する法人税等にはならない。

## (4) 一時差異等の"等"

　税効果会計基準では、一時差異等という言い方をすることがあります。一時差異は前項(2)で説明しましたが、"等"は何を意味するのでしょうか。

　この"等"とは、将来、課税所得と相殺できる繰越欠損金などのことをいい（税効果会計基準 第二・一 4.）、一時差異と繰越欠損金などを総称して、一時差異等と呼んでいます。この、"等"に該当する繰越欠損金は、一時差異と同様の取扱いとなります。つまり、税効果会計の対象にして、一時差異と同様の手順を踏んで調整を行うということです。

　**繰越欠損金**（くりこしけっそんきん）は、企業会計上からは出てこない項目です。ということは、企業会計上と税金計算上の差異は生じないはずです。にもかかわらず、一時差異と同様の取扱いをするのには理由があります。

　繰越欠損金は、税金計算上の結果として生じますが、翌年以降の課税所得と相殺することによって税額を下げる効果があります。図2-21のようなイメージとなり、N1期で発生した課税所得のマイナス分を繰越欠損金として引き継ぎ、一定の控除限度額（なお、中小法人等以外の法人の場合、制度上最新の繰越欠損金の控除限度額が100分の50となっているため、それにならっています。）分について、翌期の課税所得10,000の100分の50に当たる5,000分、課税所得を下げます。この30％相当の税額1,500が、N2期の法人税額となり、何もない時であれば課税所得10,000×30％の3,000の税額であったものが、1,500となることで、税額が▲1,500分、下がったわけです。一方、税効果会計の適用に当たっては、将来の税引前利益に対応する法人税等を適切に期間配分するために、繰越欠損金発生額10,000の税率30％に当たる3,000を法人税等調

整額で調整し、翌期以降繰越欠損金の解消金額相当の税率を計算し、解消するまで期間配分を行っていきます。

**図 2-21　繰越欠損金発生後の P/L と別表のイメージ**

|  |  | N1 期 | N2 期 |
|---|---|---|---|
| P/L | 税引前利益 | ▲10,000 | 10,000 |
| 別表 | 課税所得 | ▲10,000 | 5,000 |
| 別表 | 繰越欠損金 | − | ▲5,000 |
| 別表 | 法人税（税率は30%） | 0 | 1,500 |
| P/L | 法人税等調整額 | ▲3,000 | 1,500 |
| P/L | 当期純利益<br>（法人税のみ考慮の場合） | ▲7,000 | 7,000 |

- 税引前利益 10,000 − 繰越欠損金 5,000
  N1 期で発生した繰越欠損金の 5,000 を使用
- ▲10,000 が発生額。うち、5,000 は N2 期の課税所得の計算上、相殺するために使用、うち、残った 5,000 は次年度繰越
- 課税所得 5,000 × 30%
- 繰越欠損金のうち、相殺で使った 5,000 × 30% の 1500 分、税効果会計の適用上、解消したと考える

この表では、N2 期において、実際の税額は 1,500 でしたが、N2 期の税引前利益 10,000 に対する 30% 相当の法人税等 3,000 と、当期純利益 7,000 が対応するように調整を行います。つまり、繰越欠損金の解消額 5,000 × 30% ＝ 1,500 を N2 期の法人税等調整額として計上することで、N1 期に発生した 3,000 の法人税等調整額を、繰越欠損金が解消する年度まで毎期期間配分していくことになります。未解消の繰越欠損金 5,000 に対応する税額相当分は、次年度以降繰越欠損金が解消されていく度に、税効果会計でも効果を反映させるわけですね。

このようにして、繰越欠損金も一時差異と同様の取扱いがされます。

以上より、一時差異、永久差異、一時差異"等"の取扱いをまとめると下表のようになります。

| 差異の種類 | 代表例 | 対　応 |
|---|---|---|
| 一時差異 | ①収益・費用の帰属年度の相違<br>　　例：貸倒引当金、賞与引当金<br>②純資産の部に計上される資産の評価替えなど<br>　　例：その他有価証券評価差額金 | 法人税等を適切な期間に配分。基本的に法人税等調整額を用いて、P/Lの税引前利益と法人税等とを対応させる。 |
| 一時差異"等" | 繰越欠損金 | 一時差異と同様の取扱い |
| 永久差異 | 交際費の損金不算入<br>受取配当金の益金不算入 | 税効果会計の対象外 |

　この項目については少々難しかったかもしれませんが、企業会計上と税金計算上の差異を主にB/Sの資産・負債側から認識して、一部の例外を除き、税効果会計を原則として適用し、ほとんどのケースでP/Lの法人税等調整額を適切な期間に配分することによって、税引前利益と法人税等との対応を図る手続だ、という大筋は変わりません。経営報告を聞くことを主とする経営者の場合は、これら全てを理解する必要はなく、上図のうち、一時差異の①がオーソドックスなパターンで、あとは、イレギュラーなものと理解した上で、②はB/S側で処理を完結させるパターン、繰越欠損金は税効果会計の対象に含まれ、永久差異は含まれないのだ、という程度の理解で構いません。

## (5) 将来減算一時差異と将来加算一時差異

　税効果会計が難しいとされるゆえんは、これまで説明したように、専門的な用語が多く、かつロジックが複雑なことにあるといえます。また、企業会計と税金計算という2つの制度をつなぐものであるがゆえに、双方の制度の理解の上に立って会計処理をしなければならない点も挙げられます。その双方の制度をつなぐ中で、これまでは避けてきた話をこれから説明します。

　例えば、企業会計上の貸倒引当金がN1期に発生し、N2期に税金計算上も認められることになったとすると、税金計算上はN1期は否認、N2期に認容となることはこれまでに説明してきました。

　納税するという観点から考えると、次のような説明が成り立ちます。「貸倒引当金をN1期に計上する場合、企業会計上は当期費用に計上し利益額は費用計上した分だけ少なくなったが、税金計算上は今加算され課税所得が増加するので納税資金がすぐ必要となった。翌期には企業会計上の費用計上はないから利益が前の期と比べると相対的に上昇すると考えられるが、税金計算上は認容されるので将来の減算要因となっていたようで、かつ、前の期に納税済みだったのでもう納税の必要はなく、結果として前の期に税金を前払したのと同じ効果があったようだ。」

　イメージとしては、図2-22のようになります。

　この貸倒引当金のように、今、課税所得が加算され納税額が増加し、将来、企業会計上と税金計算上の差異が解消される年度では課税所得が減算する結果として納税額を減らすような効果のある差異のことを「**将来減算一時差異**（しょうらいげんさんいちじさい）」と呼んでいます。「**将来加算一時差異**（しょうらいかさんいちじさい）」はその逆です。

## 図 2-22　将来減算一時差異の N1 期と N2 期の P/L

| | N1期 | | N2期 | | |
|---|---|---|---|---|---|
| ... | | | | | 貸倒引当金にのみ着目すれば、費用計上した分だけ、N1期の税引前利益は少なくなる＝企業会計上は税額が少なくなる。逆にN2期は費用計上がないので、相対的に税額も多くなると考えられる。 |
| 貸倒引当金繰入額 | 200,000 | | ― | | |
| ... | | | | | |
| 税引前当期純利益 | 1,000,000 | 100% | 1,000,000 | 100% | |
| 法人税、住民税及び事業税 | 360,000 | 36% | 240,000 | 24% | 税金計算上は、N1期に否認するので、先に税金を払いなさい、その代わり差異が解消したN2期は税金を支払い済みなのでもう支払いは要らない。 |
| 法人税等調整額 | ▲60,000 | ▲6% | 60,000 | 6% | N1期に税金を払う、N2期は支払わなくてよい税金計算上の気持ちは分かるが、企業会計上はその逆の処理をしているため、企業会計上のP/Lでは企業会計のやり方にしたがってもらう。だから修正する処理を行う。 |
| 法人税等 | 300,000 | 30% | 300,000 | 30% | |
| 当期純利益 | 700,000 | 70% | 700,000 | 70% | |

あくまでイメージですが、将来減算一時差異と将来加算一時差異の税効果会計を適用する前の関係は下表のようになります。

| | 差異発生年度 | | 差異解消年度 | |
|---|---|---|---|---|
| | 利益 | 所得（税金） | 利益 | 所得（税金） |
| 将来減算一時差異 | 減少 | 増加 | 増加 | 減少 |
| 将来加算一時差異 | 増加 | 減少 | 減少 | 増加 |

　将来減算一時差異は、今課税所得の計算上加算され、将来減算される予定のある一時差異という意味ですので、**将来減算今加算一時差異**といった方が用語の使い方としては適切かもしれません。発生年度の利益は低いのに先に納税し、解消年度には既に税金は払ったので安心して利益を稼げるようなイメージでしょうか。

　わが国の適用例では、この将来減算一時差異となる項目の方が将来加算一時差異よりも実務上多くを占めています。これは、企業会計上費用

や損失を計上するものの、税金計算上は加算され、将来解消年度に減算されるという性格の項目が多いことを表します。

　将来減算一時差異と将来加算一時差異の代表例は次のとおりです（税効果会計基準注解（注2）（注3））。

　将来減算一時差異の場合は、将来税金を減額させる効果がある代わりに今税金を前払しているような状態と考え、B/Sの資産の部に前払税金との意図も含んだ繰延税金資産という科目名で表示させます。また、課税所得の計算上加算された税額がP/Lに表示されているため、これを減額させるための法人税等調整額という調整科目を使って税額を減らす処理をします。繰延税金負債はその逆です。

| 差異の種類 | 主な一時差異 | 税額相当額のB/S表示名 |
|---|---|---|
| 将来減算一時差異 | 貸倒引当金<br>退職給付引当金等の引当金の損金算入限度超過額<br>減価償却費の損金算入限度超過額<br>損金に算入されない棚卸資産等に係る評価損<br>など | 繰延税金資産（投資その他の資産） |
| 将来加算一時差異 | 租税特別措置法上の諸準備金など | 繰延税金負債（固定負債） |

## (6) 繰延税金資産・繰延税金負債と法人税等調整額

　次に税効果会計の財務諸表上で登場する科目名について説明します。
　① 税効果会計を適用する取引が1つのケース
　B/Sでは、**繰延税金資産**という資産の部の固定資産のうち、投資その他の資産に計上される科目、**繰延税金負債**という負債の部の固定負債に

計上される科目、そして、P/L の税引前当期純利益の下で法人税、住民税及び事業税の後に調整項目として登場する**法人税等調整額**という3つの科目名を押さえておけば十分です。

B/S 科目が必要な理由は、「(2) 一時差異」で説明したように、企業会計上の資産・負債と税金計算上の資産・負債の差額を調整するためにあるのが税効果会計である点と大きく関係します。図 2-23 と図 2-24 を見てください。

N1 期に賞与引当金を、企業会計上 B/S の「賞与引当金」に 1,000 を計上しています。企業会計上は、負債として認識している証です。ところが、この引当金は税金計算上 N1 期の段階では、確定した債務ではないので否認され、課税所得の計算上加算されますので、仮に税金計算上の B/S があるとすれば、何も計上されないというのと同じことになります。

N2 期では、企業会計上は積んでいた引当金を取り崩して、現金などの支払によって賞与を支給しますので、B/S 残高から引当金は消えます。税金計算上は、この期に確定した債務なので、仮に一度「未払金」という科目を通ったと仮定すると、N1 期の企業会計上で見たような現象と同じく、いったん負債で認識するということが起こります。その後、未払金は従業員等に賞与支給のため使われるので、企業会計上と同じく、N2 期中には、現金などでの支払によって B/S 残高から消えるという仕組みです。

図 2-25、2-26 では、B/S、P/L それぞれの企業会計上と税金計算上の一時差異のイメージを示しています。

## 図2-23 企業会計上の一時差異のイメージ（賞与引当金のケース）

B/S

| | N1期 | N2期 |
|---|---|---|
| 負債の部 | | |
| 　流動負債 | | |
| 　　… | | |
| 　　賞与引当金 | 1,000 | — |
| 　　… | | |
| 　　流動負債合計 | | |
| 　固定負債 | | |
| 　　… | | |
| 　負債合計 | | |
| 純資産の部 | | |
| 　株主資本 | | |
| 　　… | | |
| 　　利益剰余金 | ▲1,000 | — |
| 　純資産合計 | | |
| 負債・純資産合計 | | |

P/L

| | N1期 | N2期 |
|---|---|---|
| 売上高 | 100,000 | 100,000 |
| … | | |
| 賞与引当金繰入額 | 1,000 | — |
| 営業利益 | | |
| … | | |
| 経常利益 | | |
| … | | |
| 税引前当期純利益 | | |
| 法人税,住民税及び事業税 | | |
| 法人税等調整額 | | |
| 法人税等 | | |
| 当期純利益 | | |

- N1期に賞与引当金を企業会計上で計上。同額だけ、P/Lの利益が▲1,000となり、純資産もマイナスとなる。
- N2期は、引当金を取り崩して現金などで支給するため、引当金の残高が全額なくなっている。
- N1期に賞与引当金繰入額として費用計上。その分、企業会計上の利益は▲1,000ダウン。
- N2期は、既に費用処理済みのため、賞与引当金から従業員等への支給が行われても追加の費用発生はなし。

## 図2-24 税金計算上の一時差異のイメージ（賞与引当金のケース）

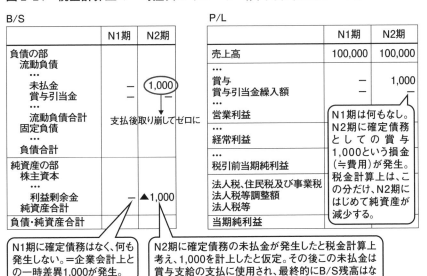

- N1期に確定債務はなく、何も発生しない。＝企業会計上との一時差異1,000が発生する。
- N2期に確定債務の未払金が発生したと税金計算上考え、1,000を計上したと仮定。その後この未払金は賞与支給の支払に使用され、最終的にB/S残高はなくなる。純資産の減少はN2期で起こる。
- N1期は何もなし。N2期に確定債務としての賞与1,000という損金（≒費用）が発生。税金計算上は、この分だけ、N2期にはじめて純資産が減少する。

## 図2-25 B/Sの一時差異のイメージ

企業会計上のB/Sのイメージ

|  | N1期 | N2期 |
|---|---|---|
| 負債の部 |  |  |
| 　流動負債 |  |  |
| 　… |  |  |
| 　　賞与引当金 | 1,000 | ― |
| 　… |  |  |
| 　流動負債合計 |  |  |
| 　固定負債 |  |  |
| 　… |  |  |
| 　負債合計 |  |  |
| 純資産の部 |  |  |
| 　株主資本 |  |  |
| 　… |  |  |
| 　　利益剰余金 | ▲1,000 | ― |
| 　純資産合計 | ▲1,000 | ― |
| 負債・純資産合計 |  |  |

企業会計上、N1期に引当金計上で、利益が▲1,000減少、純資産も▲1,000と考える。

税金計算上のB/Sのイメージ

|  | N1期 | N2期 |
|---|---|---|
| 負債の部 |  |  |
| 　流動負債 |  |  |
| 　… |  |  |
| 　　賞与引当金 | ― | ― |
| 　… |  |  |
| 　流動負債合計 |  |  |
| 　固定負債 |  |  |
| 　… |  |  |
| 　負債合計 |  |  |
| 純資産の部 |  |  |
| 　株主資本 |  |  |
| 　… |  |  |
| 　　利益剰余金 | ― | ▲1,000 |
| 　純資産合計 | ― | ▲1,000 |
| 負債・純資産合計 |  |  |

税金計算上、N2期に現金のマイナス(支払)で、賞与を支給した＝利益がN2期に▲1,000＝純資産も▲1,000と考える。

## 図2-26 P/Lの一時差異のイメージ

企業会計上のP/Lのイメージ

|  | N1期 | N2期 |
|---|---|---|
| 売上高 | 100,000 | 100,000 |
| … |  |  |
| 賞与引当金繰入額 | 1,000 | ― |
| … |  |  |
| 営業利益 |  |  |
| … |  |  |
| 経常利益 |  |  |
| … |  |  |
| 税引前当期純利益 |  |  |
| 法人税、住民税及び事業税 |  |  |
| 法人税等調整額 |  |  |
| 法人税等 |  |  |
| 当期純利益 |  |  |

企業会計上は、N1期に費用が生じたと考える。

税金計算上のP/Lのイメージ

|  | N1期 | N2期 |
|---|---|---|
| 売上高 | 100,000 | 100,000 |
| … |  |  |
| 賞与 | ― | 1,000 |
| … |  |  |
| 営業利益 |  |  |
| … |  |  |
| 経常利益 |  |  |
| … |  |  |
| 税引前当期純利益 |  |  |
| 法人税、住民税及び事業税 |  |  |
| 法人税等調整額 |  |  |
| 法人税等 |  |  |
| 当期純利益 |  |  |

税金計算上は、N2期に賞与という確定債務(＝損金)が生じたと考える。

図2-23から2-26で示した今回のケースをまとめたのが図2-27です。

3. 税効果会計に関係する代表的な勘定科目　　81

図2-27　賞与引当金の税効果のまとめ

| | 負債 | | 費用or損金 | | 純資産＝利益減少 | | 一時差異 | 税率 | 税効果会計の対象額 |
|---|---|---|---|---|---|---|---|---|---|
| | N1期 | N2期 | N1期 | N2期 | N1期 | N2期 | | | |
| 企業会計 | ○ 賞与引当金 | － 支払解消 | ○ 賞与引当金繰入額 | － | ○ | － | 1,000 | 30% | 300 |
| 税金計算 | － | ○ 未払金→支払解消 | － | ○ 賞与 | － | ○ | | | |

　この賞与引当金のケースでは、今の費用を否認して課税所得の計算上加算した税金を多く今支払うという性格のものですので、将来減算一時差異ということになります。N1期では、税金としては、前払している状態（将来は減算して税額を減額＝既に支払済みなので、今後支払わなくても良い）ということで、B/Sの前払税金を表す繰延税金資産を計上し、多く払った税額をP/L側でも調整するため、法人税等調整額で税額を減額するという処理を行います。図2-28のイメージです。

　図2-28では、N1期の税引前利益100,000に対して、税効果会計適用前の法人税、住民税及び事業税が30,300でした。理由は、賞与引当金として計上した1,000の税率30%の300が加算されており、税額を押し上げたからです。これを減額調整するため、法人税等調整額で調整300が行われていることがわかります。これで、N1期では税引前当期純利益100,000に対応する法人税等30,000に調整されました。

　N2期では、発生した税効果会計に影響を与える事象が解消しました。このため、繰延税金資産という前払税金の役割は終わったので、これを解消します。税金計算上、今度は認容減算され、課税所得が減り税額も減っていますが、企業会計上は前期の費用のことなので、今期の税金計算上の損金と認められたものを戻す意味で税額をプラスする調整を行い、N2期でも税引前当期純利益100,000に対応する法人税等30,000

に調整されました。

図2-28　賞与引当金の税効果会計の適用例

| | N1期 | N2期 |
|---|---|---|
| 資産の部 | | |
| 　流動資産 | | |
| 　　… | | |
| 　　… | | |
| 　固定資産 | | |
| 　　… | | |
| 　　投資その他の資産 | | |
| 　　　… | | |
| 　　　繰延税金資産 | 300 | — |
| 　　固定資産合計 | | |
| 資産合計 | | |

| | N1期 | N2期 |
|---|---|---|
| 売上高 | 100,000 | 100,000 |
| … | | |
| 営業利益 | | |
| … | | |
| 経常利益 | | |
| … | | |
| 税引前当期純利益 | 100,000 | 100,000 |
| 法人税、住民税及び事業税 | 30,300 | 29,700 |
| 法人税等調整額 | ▲300 | 300 |
| 法人税等 | 30,000 | 30,000 |
| 当期純利益 | 70,000 | 70,000 |

　これが、税効果会計を適用した場合の実務的な対応の流れの概要です。一点注意すべき点は、「**税率**」です。税効果会計を適用するために一時差異発生年度に会計処理を行いますが、差異を調整するための税額を計算する際の税率は差異が解消する年度のものを使用します。税効果会計基準においても、繰延税金資産や繰延税金負債の金額は、回収や支払が行われると見込まれる期の税率に基づいて計算（税効果会計基準　第二・二2.）するものとされています。"回収や支払"は解消とほぼ同じ意味のものだと捉えてください。例えば、図2-28のP/Lに税率情報を加えた図2-29の場合、N1期の税率32%ではなく、差異が解消するN2期の30%を使ってくださいということですね。

## 図 2-29 税効果会計で使用する税率のイメージ

| 税率 | 32% | 30% |
|---|---|---|
|  | N1期 | N2期 |
| 資産の部 |  |  |
| 　流動資産<br>　　…<br>　　… |  |  |
| 　固定資産<br>　　…<br>　　投資その他の資産<br>　　　…<br>　　　繰延税金資産<br>　　　…<br>　　固定資産合計 | <br><br><br><br><br>300 | <br><br><br><br><br>— |
| 資産合計 |  |  |

|  | N1期 | N2期 |
|---|---|---|
| 売上高 | 100,000 | 100,000 |
| …<br>営業利益 |  |  |
| …<br>経常利益 |  |  |
| …<br>税引前当期純利益 | 100,000 | 100,000 |
| 法人税、住民税及び事業税 | 30,300 | 29,700 |
| 法人税等調整額 | ▲300 | 300 |
| 法人税等 | 30,000 | 30,000 |
| 当期純利益 | 70,000 | 70,000 |

> 税効果会計は、差異発生年度に計上しますが、使用する税率は、差異解消年度（N2期の30％）のものを使います。
> 1,000×32％は×
> 1,000×30％が○

　これで、１つの取引から生じた一時差異に関して税効果会計を適用して調整ができました。税効果会計を適用して調整すべき一時差異の認識をし、解消年度の税率を使って調整する税額を計算する、将来税金を減額させる代わりに前払で税金を納めるので繰延税金資産というB/Sの資産の部の科目を使う、P/Lでは先に税金を払った分実際の税額が多額となっているため法人税等調整額という科目名を使って減額調整するという流れが、大体で構いませんので頭に描けるようになれば完璧です。

### ② 税効果会計を適用する取引が複数あるケース

　では、このような取引が複数行われた場合の流れについて説明します。

　税効果会計では、一時差異などを認識したら（企業会計上と税金計算上のズレが分かったら）、その差異が将来減算一時差異か、将来加算一時

差異かを把握して分けます。分けた差異の項目ごと（例えば、貸倒引当金、賞与引当金などの発生原因ごとに分ける）に税率を乗じていくルールになりますが、先ほどの説明でも触れたとおり、差異の解消年度の税率を使用することになっています。1年後に差異が解消される予定の項目であれば、当期の税率ではなくて、1年後の税率を使ってください、ということです。なお、税率は法定実効税率という会社で計算した税率を使用しますが、「第5章　税率と税効果会計」で説明します。

　ここまで来れば、将来減算一時差異と将来加算一時差異の項目ごとの差異解消年度の税額相当額が計算できます。この金額の合計が出せたら、将来減算一時差異を原因とした税額の合計を**繰延税金資産**という科目名、また、将来加算一時差異を原因とした税額の合計を**繰延税金負債**という科目名として表示します。金額集計段階では繰延税金資産と繰延税金負債の両方が存在してもかまいませんがその後は両者をそのまま放置できず、相殺して純額で財務諸表に表示します。ただし、連結財務諸表提出会社の場合は異なる取扱いをする場合があります。この点は「第8章　連結と税効果会計」で説明します。

　B/S計上科目や金額が決まると、この計上額に見合う法人税等調整額をP/Lで調整させるという段階に進みます。先ほどの賞与引当金単独の例と基本的な流れはそれほど変わりませんが、流れを図示すると図2-30のようになります。

## 3. 税効果会計に関係する代表的な勘定科目　85

**図2-30　複数取引がある場合の税効果会計適用の流れ**

```
┌─────────────────────────────┐
│      一時差異等を認識        │
└─────────────────────────────┘
              ↓
┌─────────────────────────────┐
│ 将来減算一時差異・将来加算一時差異に区分 │
└─────────────────────────────┘
              ↓
┌─────────────────────────────┐
│ 差異項目ごとに税率（差異解消年度のも │
│ の）を乗じる                 │
└─────────────────────────────┘
              ↓
┌─────────────────────────────┐
│ 税金相当額合計を繰延税金資産、繰延税 │
│ 金負債とする（B/S科目）。    │
└─────────────────────────────┘
              ↓
┌─────────────────────────────┐
│ 両者の相殺（連結財務諸表の場合、相殺 │
│ ない可能性もあり）           │
└─────────────────────────────┘
              ↓
┌─────────────────────────────┐
│ B/S計上額（実務上、前期からの増減額） │
│ に応じて、原則としてP/Lの法人税等調整 │
│ 額を同額調整                 │
└─────────────────────────────┘
```

　もう少し細かく、実務上の対応で行う流れを使って簡単に説明します。

　図2-31は、認識した一時差異などの金額を集計して、繰延税金資産と繰延税金負債の額を計算するためのワークシートの一例です。実務上は（作成側の視点に立つと）もっと細かい点（差異解消年度ごとの解消金額の記載、解消年度の法定実効税率の算定など）にも気をつけなければなりませんが、あくまで説明の便宜上のため簡便な内容としています。

### 図2-31 税効果会計ワークシートの例示

| | 一時差異等の額 | 解消年度の税率 | 繰延税金資産 繰延税金負債（▲） | 備考 |
|---|---|---|---|---|
| 貸倒引当金 | 10,000 | 30% | 3,000 | 10,000 × 30% |
| 賞与引当金 | 15,000 | 28% | 4,200 | 15,000 × 28% |
| （中略） | | | | |
| 繰延税金資産 | | | 13,400 | |
| …準備金 | 3,000 | 30% | ▲900 | 3,000 × 30% |
| （中略） | | | | |
| 繰延税金負債 | | | ▲1,000 | |
| その他有価証券評価差額金 | 4,000 | 30% | ▲1,200 | 4,000 × 30% P/Lの調整なし |

　図2-31に従い、将来減算一時差異と、将来加算一時差異に区分し、それぞれの差異の項目ごとに差異解消年度の税率を乗じた額を繰延税金資産と繰延税金負債に集計します。

　一時差異のうち、その他有価証券評価差額金のようにP/Lを通らない評価差額については他の項目と分離しておきます。なぜかというと、その他有価証券評価差額金は図2-32に示すように、大きく分けると2通りの発生ケースが考えられます。つまり、同じ有価証券の評価額が決算期によって、含み益となることも、含み損となることもあり、その結果、将来減算一時差異となることも、将来加算一時差異となることもありえるということです。

## 図2-32 その他有価証券評価差額金の税効果のパターン

| 有価証券時価 | 企業会計上 | 税金計算上 | B/S表示科目名 | 時価評価（以下例） | 税率 | 税効果 | 評価差額 | P/L |
|---|---|---|---|---|---|---|---|---|
| 上昇 | 含み益 | 将来加算（含み益の分だけ税額が将来加算される見込み） | 繰延税金負債 | +1,000 | 30% | 300（繰延税金負債） | 700（その他有価証券評価差額金） | 処理なし |
| 下落 | 含み損 | 将来減算（含み損の分だけ税額が将来減算される見込み） | 繰延税金資産 | ▲1,000 | | 300（繰延税金資産） | ▲700（その他有価証券評価差額金） | |

　また、P/L計上を伴うような通常の一時差異であれば、一時差異から生じる繰延税金資産と繰延税金負債は対応する金額をP/Lの法人税等調整額で調整すればよいのですが、その他有価証券評価差額金の場合、評価差額自体がB/S内で完結します。

　このように、有価証券評価差額金の税効果会計の適用ではP/L調整が馴染まないので、評価差額のうち税額相当分を繰延税金資産又は繰延税金負債として表示し、税額相当分を控除した残額を評価差額として純資産の部のその他有価証券評価差額金として表示するという方法を取ることになっています。この点で他の項目と取扱いが異なるわけです。図2-33と図2-34に、その他有価証券評価差額金の税効果会計に関し、含み益の場合と含み損の場合のイメージを示しました。有価証券評価差額金の税効果会計には、この他にも、減損が生じるなどの特殊なケースに応じた処理を検討しなければならないのですが、本書では説明を割愛します。

### 図2-33　その他有価証券評価差額金の税効果会計（含み益）

企業会計上のB/Sのイメージ

|  | N1期 |
|---|---|
| 負債の部<br>　…<br>　固定負債<br>　　…<br>　　繰延税金負債<br>　　…<br>　　固定負債合計<br>　負債合計 | <br><br><br><br>300<br><br><br> |
| 純資産の部<br>　株主資本<br>　　…<br>　　利益剰余金<br>　その他の包括利益累計額<br>　　その他有価証券評価差額金<br>　　…<br>　　その他の包括利益累計額合計<br>　純資産合計 | <br><br><br>―<br>―<br>700<br><br>700<br> |
| 負債・純資産合計 |  |

### 図2-34　その他有価証券評価差額金の税効果会計（含み損）

企業会計上のB/Sのイメージ

|  | N1期 |
|---|---|
| 資産の部 |  |
| 　流動資産<br>　　…<br>　　… |  |
| 　固定資産<br>　　…<br>　　投資その他の資産<br>　　　…<br>　　　繰延税金資産<br>　　　…<br>　　固定資産合計 | <br><br><br><br>300<br><br> |
| 資産合計 |  |

|  | N1期 |
|---|---|
| 負債の部<br>　…<br>　固定負債<br>　　…<br>　　繰延税金負債<br>　　…<br>　　固定負債合計<br>　負債合計 |  |
| 純資産の部<br>　株主資本<br>　　…<br>　　利益剰余金<br>　その他の包括利益累計額<br>　　その他有価証券評価差額金<br>　　…<br>　　その他の包括利益累計額合計<br>　純資産合計 | <br><br><br>―<br>―<br>▲700<br><br>▲700<br> |
| 負債・純資産合計 |  |

話を元に戻し、図 2-31 に示した税効果会計のワークシートでは、続いて B/S の計上科目と金額を確定させます。

　今、一時差異からの繰延税金資産 13,400、繰延税金負債▲1,000、その他有価証券評価差額金からの繰延税金負債▲1,200（4,000 の含み益であると仮定し、図 2-32 のパターンを参考にしてここでは繰延税金負債のパターンとします。）があります。よって、13,400 − 1,000 − 1,200 ＝ 11,200 の資産超過となり、相殺することによって残った、繰延税金資産 11,200 を B/S の資産の部に計上します。

　この資産計上に伴い、P/L の法人税等調整額を原則として同額調整させますが、繰延税金資産の方が多くあるということは、税金を多く先に払っている状態で、将来税額を減額させる効果を持つということでした。よって、将来減算一時差異の方が多い状態です。企業会計上は費用計上などによって利益が減っていますが、税金計算上はこれを否認し、課税所得の加算を行い、税引前利益に対する法定実効税率に応じて計算した法人税等の水準よりも、今の実際の税額の方が大きいことを指しています。そこで、法人税等調整額という科目を使って、企業会計上の立場からすると大きくなりすぎた法人税等を減額調整します。ここでは、税額を減額させることによって、税効果会計を適用する前の少なくなった利益をプラスに調整していくという効果が得られることが分かりました。

　なお、先ほど触れた留意点のとおり、その他有価証券評価差額金から生じた税効果会計の適用による金額（今回のケースでは繰延税金負債ですが繰延税金資産と相殺され B/S 上表示されません。）からは P/L の調整は生じません。P/L の調整を行う代わりに、B/S の純資産の部の中で、含み損益の金額から税額相当分を控除した額をその他有価証券評価差額金とする取扱いとなるからです。

## 図2-35 税効果会計ワークシートに従った表示科目のイメージ

B/S

|  | N1期 |
|---|---|
| 資産の部 |  |
| 　流動資産 |  |
| 　　… |  |
| 　　… |  |
| 　固定資産 |  |
| 　　… |  |
| 　　投資その他の資産 |  |
| 　　　… |  |
| 　　　繰延税金資産 | 11,200 |
| 　固定資産合計 |  |
| 資産合計 |  |

P/L

|  | N1期 |
|---|---|
| 売上高 |  |
| … |  |
| 営業利益 |  |
| … |  |
| 経常利益 |  |
| … |  |
| 税引前当期純利益 | 100,000 |
| 法人税、住民税及び事業税 | 42,400 |
| 法人税等調整額 | ▲12,400 |
| 法人税等 | 30,000 |
| 当期純利益 | 70,000 |

図2-35では、ワークシートに従った繰延税金資産の計上と、法人税等調整額の調整のイメージを示しています。仮に税引前当期純利益が100,000で、税率変動を無視し税率が30%だとすると、永久差異がないなどの場合を想定すると、通常、法人税等は30,000となるはずです。実際の課税所得は加算原因が多かったこともあり、法人税、住民税及び事業税は42,400となり、税引前当期純利益の100,000の42%強と大きくなりました。しかし、税効果会計の適用によって、調整後の法人税等は税引前当期純利益の税率相当額に調整されました。

なお、P/Lの法人税等調整額には、B/Sの評価差額の変動のみで、P/Lの調整がされないその他有価証券評価差額金に係る税額分は含みません。図2-31に示したケースを図2-35に反映させた場合、その他有価証券評価差額金から生じた▲1,200の額を除いた、繰延税金資金13,400－繰延税金負債1,000＝12,400がP/Lの法人税等調整額となります。

このように、企業会計上と税金計算上の差異を比較し、B/S側の調整からスタートして、P/Lへと流れていくのが税効果会計の一般的な手順

となります。

　経営者の視点からすれば、当期の業績を表す P/L に最初に目が行き、その法人税等調整額と税負担率の把握を行うことで実務上問題ありません。しかし、P/L の調整額が計算される背景には繰延税金資産・繰延税金負債の金額集計と相殺、第 5 章で触れる税率の出し方、一時差異の把握、純資産の部に表示される資産の評価替え、永久差異の存在など、複数の要素をもとに、財務諸表作成担当者が会計基準の解釈を踏まえて時間をかけて作成したものという点がご理解いただけたはずです。

> **ポイント**
> ・一時差異、永久差異、一時差異等の"等"の区分があり、一時差異には、収益・費用の帰属年度の相違から生じるものや純資産の部に表示される評価替えなどがあります。
> ・永久差異は税効果会計の対象とはなりません。
> ・企業会計上と税金計算上の差異を主に B/S の資産・負債側から認識して、永久差異などの例外を除き、原則として税効果会計を適用して、主に P/L の法人税等調整額を適切な期間に配分することによって、税引前利益と法人税等との対応を図る手続が税効果会計ということになります。
> ・今、課税所得が加算され納税額が増加し、将来、企業会計上と税金計算上の差異が解消される年度では課税所得が減算する結果として納税額を減らすような効果のある差異のことを将来減算一時差異といいます。その逆を将来加算一時差異といいます。
> ・繰延税金資産は前払で税金を払っているもの、繰延税金負債は支払予定の（支払猶予された）税金というような性格をもっています。

## 4. 税効果会計と四半期・決算業績報告

　税効果会計を経営者が意識するのは、四半期と本決算の決算報告の際です。一時差異等をB/Sの面から把握して調整する税効果会計は、各決算期末のB/S残高の確定を待つ必要があるという点や、月次で把握するには実務上の煩雑さを伴うことなどを考慮すれば、基本的には毎日、毎月集計するものではなくて、各決算期で訪れるイベントのような性格のものだという理解をすることができます。

　四半期の税効果会計が適用された決算情報を経営者が見る際のポイントも年度決算時とほとんど変わりありません。四半期決算のタイミングでも年度決算同様に、税効果会計は適用されますので、繰延税金資産、繰延税金負債、法人税等調整額を活用した税引前利益から当期純利益の間での調整は行われます。

　強いて言えば、作成側の視点に立てば、四半期では、確定申告を行う年度決算とは異なり、精緻な申告書の別表作成準備などを行うことが開示までの時間的制約もある中では難しいことから、会計基準上も、いわゆる複数の簡便的な対応を認めていることです。だからといって、四半期決算で適用されている税効果会計がアバウトなものというわけではなく、簡便的な取扱いによっても、その範囲の中で金額は適切に集計されていきますので、経営者の目線で税効果会計適用後の数値を把握するにあたって何ら問題ありません。

　例えば、税金費用については、四半期においても、原則として年度決算と同様の方法で計算しますが、重要な加減算項目や税額控除項目に限り加味するという簡便な取扱いを行うこともできる（四半期財務諸表適用指針第15項）とされるなど、複数の簡便的な方法や四半期特有の会計

処理を認めている点で、税効果会計の適用に当たって年度決算の財務諸表とは異なり、少し簡便的な適用がされている場合があるという程度の理解で構いません。

決算業績報告の際、主に経営分析という視点から税効果会計を意識するためのコツについて、「第1章3.経営者が知るべき税効果会計のポイント」で説明していますので、ご覧ください。

> **ポイント**
> ・四半期の業績報告について、経営者視点で税効果会計をみる際には、年度決算との適用と取扱いが異なる点があってもそれほど大きな影響はないため、年度決算の業績報告に関するポイントを第1章3.で押さえておけば十分です。

## 5. 税効果会計の業績予想への影響

　経営者にとって、業績予想、特に外部公表のための業績予想値の策定やアナウンスは、IR戦略上もとても重要なものといえます。これまでの実務では、あまり税効果会計にまで意識が向いていなかったかもしれませんが、当然のことながら、業績予想にも税効果会計の考え方を反映させる必要があります。決算短信に掲載される第2四半期や通期予想などが公表される業績予想情報の中心となりますので、主にその中で記載されているP/L面を意識してポイント解説します。

　なお、業績予想は決算短信などで図2-36の様式などを使って掲載されます。

**図2-36　決算短信への記載が想定される様式例**

|  | 売上高 |  | 営業利益 |  | 経常利益 |  | 親会社株主に帰属する当期純利益 |  | 1株当たり当期純利益 |
|---|---|---|---|---|---|---|---|---|---|
| 第2四半期（累計）<br>通期 | 百万円 | % | 百万円 | % | 百万円 | % | 百万円 | % | 円　銭 |

> 当期純利益に税効果会計の影響が含まれます。
> 適用する税率、重要な差異調整項目を把握しておくとよいでしょう。

## (1) 法人税等を計算するための税率の適用と、重要な項目の調整

業績予想に使用するために法人税、住民税及び事業税の精緻な税率を使うことや、法人税等調整額の計算を行わなければならないとすると、実務上煩雑となるため、これらを厳密に適用することが難しいことが考えられます。多くの場合、簡便的にP/Lの税引前当期純利益に業績予想の対象年度の法定実効税率を乗じた額を法人税等の額とすることが考えられます。なお、税率の説明は「第5章 税率と税効果会計」で行います。

ただし、重要な一時差異等の発生や解消が予定されている場合は、その発生による繰延税金資産又は繰延税金負債の計上、その解消による繰延税金資産又は繰延税金負債の減額、法人税等調整額の修正といった変動要因を加味しておくことが望ましいです。

業績予想は経営陣が考えるべき論点ですから、業績予想の対象期にどのような意思決定を計画しているかは把握検討されているはずです。それが税効果会計上どのような影響を及ぼすかについて分からない場合は、早期に社内の担当者や管理部門責任者（取締役、執行役員）などと相談してください。よくあるケースを例にすれば、業績予想を公表する期に図2-37のケースが想定される場合には、そのケースが生じることによって税効果会計の適用範囲に制限がない限り税効果会計にも影響しそうだと考え、業績予想にもあらかじめ反映しておくというイメージをもっておくことです。

## 図2-37 税効果会計に影響する可能性のあるケースの例

| ケース | 関連する科目 | 税効果会計 | 業績予想への影響（当期純利益）利益増 ↑ 利益減 ↓ |
|---|---|---|---|
| 否認を受けた評価損、評価減などの対象の除売却等に伴い差異原因が解消 | 棚卸資産評価損など | 繰延税金資産の解消 | ↓ |
| 引当金の新規計上・大幅な増加 | ××引当金 | 繰延税金資産の計上 | ↑ |
| 繰越欠損金の発生 | － | 繰延税金資産の計上 | ↑ |
| 諸準備金の計上 | ××準備金 | 繰延税金負債の計上 | ↓ |

> **ポイント**
> ・業績予想の策定時に法人税等予測を正確につかめない場合、簡便的に、当期純利益の計算に影響する法人税等の税率として、業績予想の対象年度の法定実効税率を使うことが考えられます。
> ・この他、税効果会計に影響を与えるような意思決定が行われる場合は、法人税等への影響額を考慮して業績予想値に織り込みます。

## 6. 税効果会計に与える事象の変化が毎期の業績にも影響する

　税効果会計が業績に影響する場合とは、法人税等調整額のプラスマイナスの金額幅が大きくなることを指します。このため、税効果会計の仕組みを理解して細かく見ていけば、例えば、こういう事象が起こったときには毎期の業績にもこう影響するぞ、というイメージが湧くようになります。このイメージが湧くだけでも、こういうことがあればもしかしたら業績変動への影響があるかもしれない、という目線を持って経営できますので、図2-38を是非参考にしてください。

　なお、税率自体が変わると税効果会計に影響を及ぼし、さらに、税効果会計の適用に当たって実務上使われる"分類"という概念も影響を及ぼすのですが、このあたりの話は後ほどの各章で説明します。

**図2-38　事象の発生・変化の業績への影響**

| 事象の発生や変化 | 業績への影響<br>利益増　↑<br>利益減　↓ |
|---|---|
| 将来減算一時差異の増加<br>(例：引当金の増加、税金計算上否認される評価損の増加など) | ↑ |
| 将来加算一時差異の増加<br>(例：諸準備金の増加) | ↓ |
| 繰延税金資産が前期よりも増加<br>(その原因となる将来減算一時差異の増加) | ↑ |
| 繰延税金資産が前期よりも減少<br>(その原因となる将来減算一時差異の減少) | ↓ |
| 繰延税金負債が前期よりも増加<br>(その原因となる将来加算一時差異の増加) | ↓ |
| 繰延税金負債が前期よりも減少<br>(その原因となる将来加算一時差異の減少) | ↑ |

繰延税金資産が前期よりも増加した、ということが意味するのは、2期間で比較した場合に前期以前に発生した繰延税金資産が当期に解消するよりも、当期に発生した繰延税金資産の方が大きいということです。つまりこの場合、将来減算一時差異はより大きくなっていて、前払税金が拡大した、だから、課税所得の加算調整が多くされて実際の納税額の方が増えているので、法人税等調整額で減額調整を行い、利益が増加修正されるという理屈になります。

専門的な言葉でいうと、個別財務諸表の繰延税金資産は、将来減算一時差異の解消、繰越欠損金と繰越欠損金を控除する前の課税所得との相殺などによって減額される税金の見積額について、回収可能性を判断して計上します。また、個別財務諸表の繰延税金負債は、将来加算一時差異の解消によって増額される税金の見積額について計上します。また、繰延税金資産や繰延税金負債の計上は、期首と期末の繰延税金資産と繰延税金負債の増減差額を、原則として法人税等調整額で調整して計上します（税効果会計適用指針第8項(1)(2)、第9項）。このような処理を行うのが実務上の対応ということになります。つまり、減額される税金の見積額と、増額される税金の見積額の差額を、基本的に法人税等調整額で調整しよう、ということですね。

これまでの説明では、2期間の税効果会計を考える際に、賞与引当金の事例など、一時差異の発生と解消を中心に見てきました。あくまで、B/Sの動き方と法人税等調整額の動き方の関係を示すだけにすぎませんが、図2-39、2-40でB/SとP/Lの関係や、別表を見るとよくわかります。

6. 税効果会計に与える事象の変化が毎期の業績にも影響する　99

### 図 2-39　税効果会計の適用による B/S 増減と P/L 増減の関係

| | N1期 | N2期 |
|---|---|---|
| 資産の部 | | |
| 　流動資産 | | |
| 　　… | | |
| 　　… | | |
| 　固定資産 | | |
| 　　… | | |
| 　　投資その他の資産 | | |
| 　　　繰延税金資産 | 300 | 600 |
| 　　　… | | |
| 　固定資産合計 | | |
| 資産合計 | +300 | |

| | N2期 |
|---|---|
| 売上高 | 100,000 |
| … | |
| 営業利益 | |
| … | |
| 経常利益 | |
| … | |
| 税引前当期純利益 | 100,000 |
| 法人税、住民税及び事業税 | 30,300 |
| 法人税等調整額 | ▲300 |
| 法人税等 | 30,000 |
| 当期純利益 | 70,000 |

繰延税金資産（前払税金）が増加した
＝前期比増分（＝300）だけ
将来減算一時差異解消 ＜ 将来減算一時差異発生と考えられる
課税所得は税金計算上の加算で純増 → 税額増加（+300）
⇒ 税効果会計を適用しているので、繰延税金資産の増減差額300分だけ
　法人税等調整額の減額（▲300）＝利益増加（+300）

### 図 2-40　N2 期の別表 4 のイメージ（抜粋）

| 区分 | | 総額 | 処分 | |
|---|---|---|---|---|
| | | | 留保 | 社外流出 |
| | | ① | ② | ③ |
| 当期利益又は当期欠損の額 | 1 | 100,000 | | |
| 　損金経理をした法人税及び地方法人税 | 2 | | | |
| 加算 | （中略） | | | |
| 　賞与引当金繰入額否認 | 9 | 2,000 | | |
| | 10 | | | |
| 　小　　　計 | 11 | 2,000 | | |
| 　減価償却超過額の当期認容額 | 12 | | | |
| 減算 | （中略） | | | |
| 　賞与引当金繰入額認容 | 20 | 1,000 | | |
| 　小　　　計 | 21 | 1,000 | | |
| 　仮　　　計 | 22 | | | |
| （中略） | | | | |
| 所得金額又は欠損金額 | 49 | 101,000 | | |

101,000×税率30％＝30,300 が税金計算上の税額となった。

前の期の繰延税金資産よりも当期の繰延税金資産が増えているとき、何が起こっているかというと、賞与引当金を例に挙げれば、N1期に税金計算上否認された将来減算一時差異1,000の解消がN2期に起こり、新たに税金計算上否認される賞与引当金2,000がN2期に発生したということが想定されます（N1期の将来減算一時差異が解消しないまま、N2期に＋1,000の将来減算一時差異が発生するというケースなども想定されますが、ここでは、シンプルに解消1,000と発生2,000と考えます）。

すると、図2-40のように別表4の調整では、加算2,000、減算1,000、税引前利益100,000、税率30％だとすると、101,000の課税所得に30％を乗じた30,300がN2期の法人税、住民税及び事業税となります。

このケースでは、以下のように分解して考えることも可能です。

| 課税所得101,000の内訳 | | 税額（×30％） |
|---|---|---|
| 税引前利益 | 100,000 | 30,000 |
| 加算 | 2,000 | 600 |
| 減算 | ▲1,000 | ▲300 |
| 計 | 101,000 | 30,300 |

N1期発生分が解消した1,000の税額300を税負担増とし、N2期発生分の2,000の税額600を税負担減として2つの事象に分け、両者をそれぞれ調整することによって、30,300の当初法人税等から30,000になるような調整によるアプローチを取っても良いですし、繰延税金資産の差分が＋1,000なので、課税所得の過大分の純額1,000に税率30％を乗じた300を税負担減の調整によって、30,300から30,000にする、という調整のアプローチのいずれでも正答を導くことが可能です。

このようにして、毎期の事象の変化を観察すると、税効果会計への影響を通じて、業績変動が起こる可能性があることが理解できます。ただし、B/Sの増減差分から業績変動予測をするアプローチは、P/Lの変動

には影響しない B/S の純資産の部の評価差額分の影響を取り除くなどの必要があるため、精緻な金額での変動予測には使用できず、大よその予測や変動状況の把握に留まる点について留意ください。

> **ポイント**
> ・毎期の事象の変化が税効果会計への影響を通じて、業績に影響する場合があることを知っておくことが大切です。
> ・B/S の繰延税金資産、繰延税金負債の変動状況から業績への影響を把握することも可能です。ただし、P/L の変動に影響しない純資産の部の評価替えなどは、B/S 差額が出ていても P/L 調整がされません。

# COLUMN

## 会計ビッグバン

　会計ビッグバンという言葉を聞かれたことはあるでしょうか。20世紀が終わりに近づく頃、企業の拠点展開や資金調達などの取引がどんどん国際的になる時代の流れの中で、日本の会計基準は国際的な水準と比べるとだいぶ遅れている状況、と言わざるを得ませんでした。このままでは、国際的な競争がさらに繰り広げられると予想される今後、会計によって取引上不利になる状況も想定されます。

　そこで、会計基準自体を国際的なものと整合させる必要性から、現在の基準を国際的な基準に近づける動きが出てきました。これが会計ビッグバンというものであり、21世紀を目前に控えた1990年代の半ば以降に、相次ぐ会計基準の導入、会計の新しい考え方が入ってくる時代を迎えました。

　連結財務諸表、キャッシュ・フロー計算書といった現在の財務諸表の中心となっているもの、これまでの簿価会計、取得原価主義に代わる概念として、現在ではだいぶ浸透している時価会計という考え方を踏まえた多くの会計基準の設定、そして本書がテーマとする税効果会計の導入など、現在、会計の世界で私たちが当たり前に活用している仕組みの多くは、この当時の会計ビッグバンによってもたらされたものばかりです。21世紀に通用する会計の礎は、意外にも最近の出来事だったのです。

　こうした動きは、国際的な財務諸表の比較可能性を担保する意味で利点が多い一方、財務諸表作成側の負担は新しい会計基準や考え方の導入によって、年々増すばかりという状況でもありました。会計は、時代の流れや経済環境によって絶えず変化し続けています。会計を担う人材、読める人材になるということは、時代の変化に順応する力を持ち合わせるということも意味するわけです。

# 第3章
# 税効果会計の分類

## 1. 分類とは何か

　税効果会計は、企業会計と税金計算では収益や費用として認めますよ、という時期に基本的なズレがあるから、企業会計の財務諸表を作る時に、税金計算をベースにした税額をそのまま載せたら具合が悪い、企業会計の財務諸表なのだから企業会計のベースに計算し直すのだ、という根本的な理解をしてきました。また、そのズレの調整はまずB/S側で行って、その調整結果を基本的にP/Lに反映させていく手続だということも説明しました。

　財務諸表を読む側の視点に立つと、税効果会計が出てくる箇所は、**繰延税金資産、繰延税金負債、法人税等調整額**の基本3か所ということになります。出てくる結果は、思う以上にシンプルです。経営者としては、特に業績変動の原因となる、法人税等調整額がいくら動いたか、潜在的に法人税等調整額を動かす可能性がある繰延税金資産や繰延税金負債はいくらあるのか、という点を気にしておきます。これまでに説明してきた内容をハイライトで振り返ると、つまりこういうことになります。

　ここからは、同じ事象が他社でも起きているにもかかわらず、ある会社では繰延税金資産・繰延税金負債を計上し、またある会社では計上しないということが起こり得るという話をします。

### (1) "分類"という税効果会計の適用範囲を決めるもの

　税効果会計では、**分類**という概念がとても重要となります。イメージするために簡単にいうと、分類は1から5まであって、会社にあてはめられた分類が1に近いほど、税効果会計を自由に使える権利を有し、5

に近いほど税効果会計を使うのに制約を課せられる、ということです。その自由度は、会社の課税所得の高低、言い換えると稼ぐ力の良否におおむね比例すると理解するとよいでしょう。

　では、分類の中身をみていきます。この章は、図3-1のように、回収可能性適用指針というものに従って処理をしていく話題となります。

**図3-1　回収可能性適用指針の分類と繰延税金資産の回収可能性**

| | | 回収可能性適用指針 | |
|---|---|---|---|
| 分類1 | 第17項<br>第18項 | 次の要件のいずれも満たす企業<br>(1) 過去（3年）と当期の全ての事業年度で、期末の将来減算一時差異を十分に上回る課税所得が生じていること。<br>(2) 当期末に、近い将来の経営環境には著しい変化が見込まれないこと。 | 繰延税金資産の全額について、<u>原則として回収可能性があるもの</u>とします。<br>（※下線部は、2018年2月16日に行われた改正分です。） |
| 分類2 | 第19項<br>第20項 | 次の要件のいずれも満たす企業<br>(1) 過去（3年）と当期の全ての事業年度で、臨時的な原因分を除いた課税所得が、期末の将来減算一時差異を下回るが、安定的に生じること。<br>(2) 当期末に、近い将来の経営環境に著しい変化が見込まれないこと。<br>(3) 過去（3年）と当期のいずれの事業年度でも重要な税務上の欠損金が生じていないこと。 | 一時差異等をスケジューリングした結果として繰延税金資産を見積もる場合、その繰延税金資産は回収可能性があるものとします。 |

| | | | |
|---|---|---|---|
| 分類3 | 第22項 第23項 | 次の要件のいずれも満たす企業 <br>(1) 過去（3年）と当期に臨時的な原因分を除いた課税所得が大きく増減していること。 <br>(2) 過去（3年）と当期のいずれの事業年度でも重要な税務上の欠損金が生じていないこと。 | 将来の合理的な見積可能期間（おおむね5年）以内の一時差異等を加減算する前の課税所得の見積額に基づき、その見積可能期間の一時差異等のスケジューリングの結果として繰延税金資産を見積もる場合、その繰延税金資産は回収可能性があるものとします。 |
| 分類4 | 第26項 第27項 | 次のいずれかの要件を満たし、かつ、翌期に一時差異等を加減算する前の課税取得が生じることが見込まれる企業 <br>(1) 過去（3年）又は当期に、重要な税務上の欠損金が生じていること。 <br>(2) 過去（3年）に重要な税務上の欠損金の繰越期限切れとなった事実があること。 <br>(3) 当期末に、重要な税務上の欠損金の繰越期限切れが見込まれること。 | 翌期の一時差異等を加減算する前の課税所得の見積額に基づいて、翌期の一時差異等をスケジューリングした結果として繰延税金資産を見積もる場合、その繰延税金資産は回収可能性があるものとします。 |
| 分類5 | 第30項 第31項 | 次の要件のいずれも満たす企業 <br>(1) 過去（3年）と当期の全ての事業年度で、重要な税務上の欠損金が生じていること。 <br>(2) 翌期も重要な税務上の繰越欠損金が生じることが見込まれること。 | 原則として、繰延税金資産の回収可能性はないものとします。 |

分類1～3についてはイメージを図3-2から3-4で図示します。

1. 分類とは何か 107

図 3-2 分類 1 のイメージ

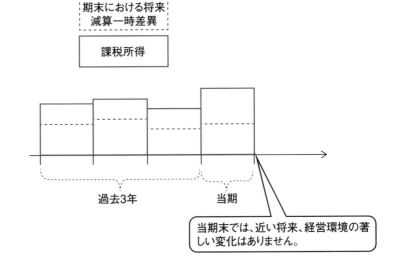

図 3-3 分類 2 のイメージ

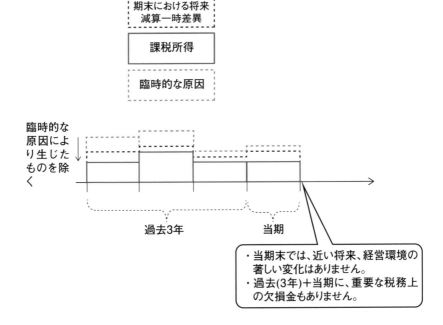

### 図3-4　分類3のイメージ

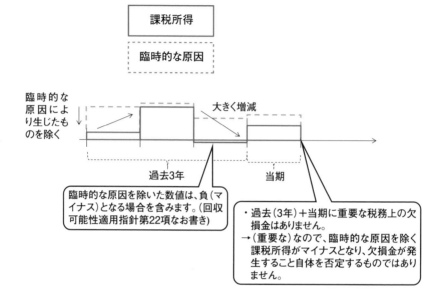

　図3-1に関連して、例えば、回収可能性適用指針第21項にいう、将来のいずれかの時点で損金算入される可能性が高いと見込まれるものの取扱いなど、複数の例外規定などがあるのですが、これらの説明は本書では省略します。

　自社にあてはめて、どうでしょうか。おそらく、税効果会計の適用をしている会社の経営者の場合は、税効果会計を知らなくても自社の分類が1である、3であるなどの分類の番号くらいは聞いたことがあるのではないでしょうか。つまり、税効果会計では、会社のおかれた課税所得の状況、稼ぐ力の状況に応じて分類を当てはめるということです。その結果、図3-5のように会社が税効果会計の適用に当たってできることの範囲が異なるということを意味します。

図3-5　分類のイメージ

|  | 自由度 | |  |
|---|---|---|---|
| 高い | ↑ | 分類1 | 何でもできる |
|  |  | 分類2 | 大体できる |
|  |  | 分類3 | 一定期間の範囲での制約のもとできる |
|  | ↓ | 分類4 | 短期間の範囲での制約のもとできる |
| 低い |  | 分類5 | 原則できない |

　ここまでみてきて、おや？と思った方がいるかもしれません。これまでの分類の説明の中に、繰延税金資産、回収可能性という言葉ばかりが出てきます。そうなのです。実は、分類の話は、税効果会計の適用全体の話ではなく、各社で適用されるB/Sの資産の部に計上される繰延税金資産の額を決める、検討する際の話ですよ、分類のランクによって、繰延税金資産の回収可能性の程度を決めるものなのですよ、ということです。税効果会計で出てくる科目ごとの分類との関係は下図のとおりです。

| 繰延税金資産 | 分類によって、回収可能性の程度を決める。 |
|---|---|
| 繰延税金負債 | 分類の適用はなく、支払可能性による。 |
| 法人税等調整額 | 事象に変化が無くても繰延税金資産の回収可能性の程度によって繰延税金資産の計上額が変わるので、連動する。繰延税金負債については特段考慮する必要はない。 |

　繰延税金負債については、一部の場合を除き、個別財務諸表の繰延税金負債は、将来加算一時差異の解消によって増額する税金の見積額を計上するとあります（税効果会計適用指針第8項(2)）。実務上は、計上しない場合（一部の場合）について考慮するほどのことではありませんので、計上額を決める、という論点については圧倒的に繰延税金資産の方が重要になるのです。

回収可能性という言葉は、繰延税金資産に特有の言葉で、その金額を計上できるかどうかの程度のことを指します。全く同じ将来減算一時差異が複数の会社で生じ、金額も一緒など諸条件が全て同じ場合でも、例えば図3-6のように、各社の分類が異なっていれば、ある会社では、その全額を繰延税金資産に計上できるが、ある会社では全く計上できないということがありえることを指しています。

**図3-6　分類によって繰延税金資産の計上に影響する**

|  | N1期 |
|---|---|
| 負債の部 |  |
| 　流動負債 |  |
| 　　… |  |
| 　　賞与引当金 | 1,000 |
| 　　… |  |
| 　　流動負債合計 |  |
| 　固定負債 |  |
| 　　… |  |
| 　負債合計 |  |
| 純資産の部 |  |
| 　株主資本 |  |
| 　　… |  |
| 　　利益剰余金 | ▲1,000 |
| 　純資産合計 | ▲1,000 |
| 負債・純資産合計 |  |

A社、B社とも賞与引当金を計上。税率は30%。税金計算上は否認される将来減算一時差異で、税効果会計の対象となった。しかし、分類がちがうと…

**A社　分類1**
繰延税金資産の全額について原則回収可能性がある≒全額計上できる

|  | N1期 |
|---|---|
| 資産の部 |  |
| 　流動資産 |  |
| 　　… |  |
| 　　… |  |
| 　固定資産 |  |
| 　　… |  |
| 　　投資その他の資産 |  |
| 　　　… |  |
| 　　　繰延税金資産 | 300 |
| 　固定資産合計 |  |
| 資産合計 |  |

1,000（将来減算一時差異）×30%（税率）＝300

**B社　分類5**
原則として、繰延税金資産の回収可能性はない≒全額計上できない

|  | N1期 |
|---|---|
| 資産の部 |  |
| 　流動資産 |  |
| 　　… |  |
| 　　… |  |
| 　固定資産 |  |
| 　　… |  |
| 　　投資その他の資産 |  |
| 　　　… |  |
| 　　　繰延税金資産 |  |
| 　固定資産合計 |  |
| 資産合計 |  |

回収可能性がないのでゼロ

ところで、先ほど少し触れたように、繰延税金負債にはこの回収可能性のような概念がありません。これは大前提として、企業会計にはあらゆるところで、保守的な適用を求めることと関係します。

基本的に、公表される財務諸表を使う立場からすれば、企業の費用や損失などの利益のマイナス面の情報はできるだけ早く知りたい、だか

ら、可能性があるなら合理的な金額が計算できた段階ですぐ教えてほしいという要請が強くなります。一方、プラス面の話は、曖昧な情報によって、余計な期待を持たせてしまうことにもなりかねず、計上したのはいいものの、後で無しにしてしまうとショックの方が大きくなり、読み手を惑わしてしまいます。このような事情もあって、基本的に財務諸表は保守的に計上することが大前提としてあります（企業会計原則第一 一般原則 六、企業会計原則注解（注4）参照）。

　B/S側の情報でいうと、負債は、将来支払うべき義務や債務が計上される項目で、費用や損失の計上と紐づくことが多い概念です。資産は、将来受ける予定の対価や、後に回収できる資産などが計上されますので、収益や利益の上昇に紐づくことが多い概念となります。例えば、繰延税金負債の計上につながるような将来加算一時差異の原因となる事象が起こるとします。この場合、課税所得は減算され、その後の下がった税額となっているものに対して、企業会計上は税負担額を増やす調整をP/L上で行うことになります。そうすると、利益を下げる調整を行うということになりますが、これは、費用や損失を追加計上するのとほぼ同じ意味をもちますので、企業会計上の大前提である、費用や損失は保守的にあらかじめ計上しておくというルールに反しないのです。ですから、基本的にはルールを新たにつくる必要はなくて、そのまま計上を認めましょう、という結論に至ります。このようなわけもあり、結果として、繰延税金負債には詳細なルールは必要ないのだ、という点で納得がいきます。

　さて、繰延税金資産に話を移します。まずは、当社の過去と当期、そして今後の経営環境などを加味した上で、どの分類に該当するかの大体の当てはめができれば十分です。税効果会計の適用に当たって、全体的な適用範囲ではなく、B/Sの繰延税金資産の計上できる範囲を決めるた

めに分類があること、分類が決まれば、繰延税金資産の計上額の程度に影響し、回収可能性の判断という話題に移ること、という手順を大まかに理解して、次の説明に移ります。

## (2) 繰延税金資産の回収可能性

　繰延税金資産はB/S資産の部に計上されるものです。資産の部に計上される資産全体にいえることですが、将来的に事業活動を通じて換金可能な現金などに置き換わる可能性のある、対価として計上した金額に見合う価値を得られる範囲で計上が認められると考えることを、**資産性**、**回収可能性**などといいます。資産性がある、回収可能性があるというのは、計上した金額に見合う対価を十分に得られる確証があるということです。資産を計上しても、計上当初の金額ではとても回収できる見込みがない、資産価値が落ちた際には、資産として認められる、回収できる額まで評価を減じます。ですから、**評価減**（ひょうかげん）、**評価損**（ひょうかそん）、**減損**（げんそん）などの言葉が出てくるわけです。また、資産計上は、前項(1)でも説明したように、いたずらに収益や利益のかさ上げになってしまわないように、計上を安易には認めず、なるべく慎重に計上させるというスタンスを取ります。

　繰延税金資産の世界に話題を移しますと、例えば、企業会計上でB/Sの賞与引当金とP/Lの賞与引当金繰入額という費用計上をしたのだが、税金計算上は、今は損金ではないので、課税所得の計算上加算した高い税額を先に納めてください、その代わり税金計算上も損金と認めるタイミングになれば、課税所得を下げますよという理屈に基づいています。企業会計上は、税金計算上の理屈はわからないでもないので、企業会計の考え方からすると今払う必要のない税金だが先に払うとしよう、でも税金計算上認めてもらえる時期に来たら納税額を減免してもらえるとい

う約束を交わしているような状況と捉えます。この時出てくるのが繰延税金資産です。先に税金を払うが、事態が収拾すれば、減免してね（マケてね）という意味合いを含んでいます。いわば、「将来、タダで入場できる有効期限付き、条件付きのチケットを、今お金を出して買う」、というのと似ています。

図3-7と図3-8のように、企業会計上、払う必要のない税金を余計に支払った証として、繰延税金資産を計上しますが、これは、払う行為自体は、先払と捉えても預けと捉えても構いませんが、後でマケてもらえるという意図があります。N2期では、税金を実際にマケてもらえたので、納め過ぎた税金は実質的に回収できたことと同じ、と考えることができます。

### 図3-7　繰延税金資産のイメージ（N1期）

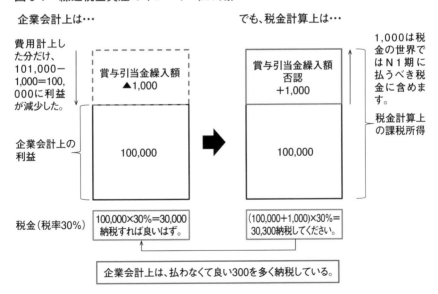

## 図 3-8　繰延税金資産のイメージ（N2 期）

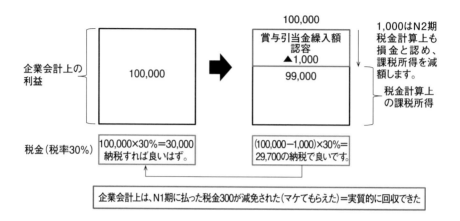

　しかし、大事な点が1つあります。それは、N2期でも納税できる余裕を持っておいてくださいね、という税金計算上の理屈です。今先に払う税金は後でマケてもらえることが仮に約束されますが、将来払う資力がない場合にはマケることはできませんという条件付きの約束です。あくまでイメージでの話ですが、図3-7と3-8の場合ですと、30,000納税する余裕があるので、300マケても29,700納税してくれる力があるからいいけど、図3-9のように、納税できないのに、マケてとはいえません、ということです。この場合、将来時点でのマケる原資はないので、先に払った300は没収されます。

## 図3-9 繰延税金資産のイメージ（N2期）

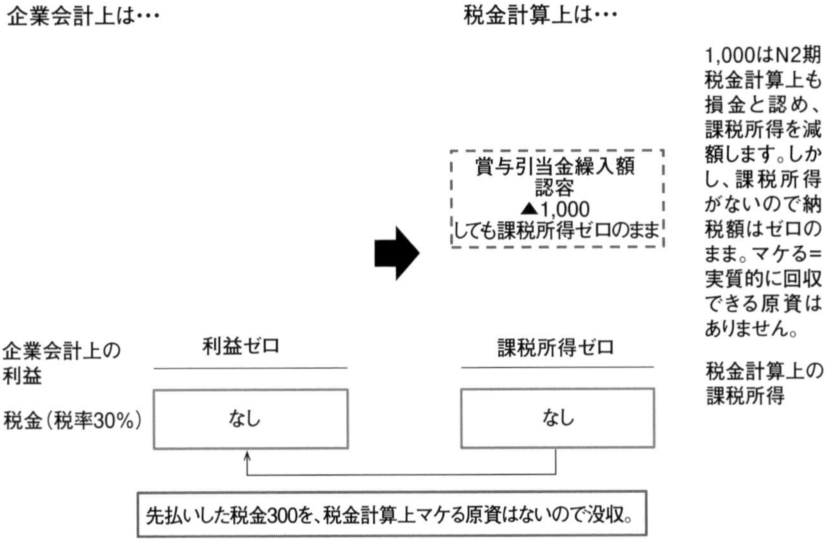

企業会計上は…　　　　　　　　　　　税金計算上は…

1,000はN2期税金計算上も損金と認め、課税所得を減額します。しかし、課税所得がないので納税額はゼロのまま。マケる＝実質的に回収できる原資はありません。

賞与引当金繰入額認容 ▲1,000 しても課税所得ゼロのまま

企業会計上の利益：利益ゼロ　　　　　税金計算上の課税所得：課税所得ゼロ

税金（税率30％）：なし　　　　　　　なし

先払いした税金300を、税金計算上マケる原資はないので没収。

　これが、「将来、タダで入場できる有効期限付き、条件付きのチケットを、今お金を出して買う」の"条件付き"という意味です。この"条件付き"というのは、専門的な言葉でいうと、繰延税金資産は、将来減算一時差異の解消時に課税所得を減少させられる結果、税金負担額を軽減させられる範囲内で計上して、その範囲を超える額は控除しないといけない（税効果会計基準注解（注5））とされています。つまり、将来減算一時差異が解消されるときの課税所得を減少させられるだけの余裕がある分までしか、繰延税金資産の計上は認められませんということです。これが、繰延税金資産の回収可能性の大前提の一つです。

　もう一つが、分類のランクに応じて変わる可能性のある"有効期限付き"に関するものです。

　将来税金負担額を軽減できる範囲内であれば、回収可能性のある資産、あとでマケてもらえる（実質的に回収できる）当てのある資産とい

えますが、それは分類という話にも関連してきます。分類のランクによって、回収可能性に制約のある場合が出てくるわけです。既に説明したように分類1は原則全額回収可能性がある、一方、分類5だと原則回収可能性はありません。

このほかの分類では、**スケジューリング**といって、一時差異などの解消する見込みの年度（何年先に解消するか）を見積もります。そうすると、ある一時差異、例えば賞与引当金は来期支払うから来期に税金計算上差異が解消するが、土地の減損損失があったなどの場合には、税金計算上認容される時期は実際に誰かに売却するなどのタイミングを待つしかないから今は解消の時期が分からない、あるいはだいぶ先だという場合など、現時点では解消が見込めないかもしれないと考える場合も出てくるはずです。解消時期を検討していくと実に様々なケースが考えられます。

この中で、解消が見込めないもののことを総称して、**スケジューリング不能な一時差異**と呼んでいます。これを専門的にいうと、一定の事実の発生や将来の一定の行為の実施についての意思決定又は実施計画等の存在があることで税務上の益金・損金算入要件を満たすものだが、その一定の事実の発生や将来の一定の行為の実施についての意思決定又は実施計画等の存在がなさそうなので要件を満たさないであろうというもの、つまり、税務上の益金・損金の算入時期が明確ではない一時差異のことです（回収可能性適用指針第3項(5)）。また、スケジューリング不能な一時差異等以外の一時差異のことを、スケジューリング可能な一時差異といいます（回収可能性適用指針第3項(6)）。要は、時期が読めないのであればスケジューリング不能、読めるのはスケジューリング可能と言い換えたようなものです。

スケジューリングが不能な一時差異のうち、将来減算一時差異につい

ては、原則として、税務上の損金の算入時期が明確となった時点で回収可能性を判断して、繰延税金資産を計上します（回収可能性適用指針第13項）。読めないうちはダメだけど、読めるようになったら資産計上を考えてあげても良いよ、というイメージです。

　こうして、具体的に解消の時期が見込めるものの解消年度（来期、3期後など）、解消の時期が見込めないものなどに細かく分けていき、分類のランクでいえば、分類2から分類4にいくに従って、回収可能性があると認められる範囲や期間が徐々に狭く、短くなっていくイメージで回収可能性を見ていくことになります。分類2ならスケジューリング可能であれば、分類3はおおむね5年の範囲で、分類4は翌期というのが、繰延税金資産の回収可能性があると認められる期間の目安で、実務対応上のキーワードとなります。

　将来減算一時差異には、差異がすぐに解消するものから、いつまでたっても解消する見込みのないもの、解消はするけれども解消見込年度が長期にわたるものなど様々にあります。繰延税金資産の回収可能性を検討するに当たっては、会社の分類、税効果会計の対象となる取引の有無や差異解消時期、課税所得の推移の状況などに応じた対応を行わなければなりません。

　この項目では、繰延税金資産の計上に当たっては、回収可能性という概念の理解と、会社の状況に応じた対応が必要なこと、回収可能性の判断は個々の事象（例えば、賞与引当金は来期には一時差異が解消しそうだ、など）ごとに行い、会社の分類という視点からの検討も必要となること、これらの結果次第で、繰延税金資産を計上できる金額が変わる、という点を押さえておくだけでも十分な理解ができているといえます。将来自信をもって実質的に回収できるぞ、という強い見込みがあってはじめて計上が許される慎重な資産なので、ルールも細かく設定されている

わけです。

> **ポイント**
> ・繰延税金資産には各社に当てはめられる分類という概念があり、分類のランクによって、繰延税金資産の計上額の範囲などが異なる可能性があります。
> ・分類は繰延税金資産の計上金額の多少を決めるための自由度のようなもので、分類1がもっとも自由度が高く、分類5になると自由度がほとんどありません。
> ・繰延税金資産は、いわば、「将来、タダで入場できる有効期限付き、条件付きのチケットを、今お金を出して買う」ようなものです。あとでマケてもらえる（実質的に回収できる）ような余裕のある場合でないと資産計上が認められません。

## 2. 分類の変更による税効果会計と業績に与える影響

　繰延税金資産の回収可能性の程度に影響する分類という概念ですが、分類1の会社がずっと分類1であるわけではなく、他の分類でも同じことがいえますが、企業の経営環境や課税所得の状況、重要な繰越欠損金の発生などの影響を受けて分類の見直しが毎期行われ、状況が変われば分類の変更もありえます。

　分類の変更があると、図3-10のように繰延税金資産の計上額にも影響しますので、結果として、業績を上げる要因にも下げる要因にもなりえるのです。

**図3-10　分類の見直しと繰延税金資産、利益への影響**

| 分　類 | 繰延税金資産の計上額<br>↑　増加する可能性がある<br>↓　減少する可能性がある | 利益の可能性<br>↑　増加する可能性がある<br>↓　減少する可能性がある |
|---|---|---|
| 上昇<br>2→1、5→4など | ↑ | ↑ |
| 下降<br>1→2、4→5など | ↓ | ↓ |

　このため、経営者として考えるべき点は、今、自社の分類が何であるか、そして、通常は1段階ずつ移行しますので、今の分類が2であれば1になる可能性や3になる可能性もあることなどを常に確かめておく必要があります。

　万が一、分類に変更があった場合、どちらかというと下降リスクの方が大きいといえます。これは、これまで計上していた繰延税金資産を取り崩して、当期純利益を下げる可能性があるからです。これが、時に大

きな利益のマイナスになることもあり、税効果会計の分類の変更可能性は潜在的な業績変動をもたらすものだともいえます。

なお、分類の変更ではありませんが、先ほどの説明で触れたスケジューリングという概念も繰延税金資産の計上額に影響します。例えば、今までスケジューリングが不能だったが解消時期が見込めるようになった場合や解消時期が近くなった場合などです。この場合も分類のランクは関係しますが、場合によっては、繰延税金資産の計上が可能となり、利益が増加する原因にもなりえます。

> **ポイント**
> ・分類の変更が繰延税金資産の計上額や業績に影響するので、常に会社の分類と潜在的な分類変更の可能性の有無を確認するくせをつけてください。
> ・分類の変更ではありませんが、スケジューリング可能・不能の別や、一時差異等の解消時期の変化も繰延税金資産の計上額に影響する場合があります。

## 3. 分類の変更に影響を及ぼす会計事象

　全ての分類に共通して出てくる言葉は、課税所得や税務上の欠損金など税金計算上の要件です。いずれも、業績変動と関係するものです。期末における将来減算一時差異との相対比較による分類の当てはめも考えられますが、経営者として意識しておくのはやはり会社の業績のことです。しかし、あまり普段の業績管理において、税金計算上の課税所得を意識して経営するケースは稀です。

　結論からいえば、税引前当期純利益の水準を継続して安定的に生み出すことが分類の安定や改善の1つの答えとなります。ということは、会社の業績の安定性が崩れてしまうようなことがある場合には、分類の変更があるかもしれない、という点を頭に入れながら経営しないといけないでしょう。経営する上で、税効果会計ばかりを気にしてはいられないのですが、四半期・期末の決算報告に際して、あるいは予実管理を行う上で、税効果会計の話題になった際には、自分には関係のないことだと決めつけずに分類の話を思い出していただき、分類変更の影響、繰延税金資産の計上額への影響、業績への影響を考えるきっかけにしてください。

> **ポイント**
> ・分類の変更可能性は課税所得や重要な税務上の欠損金の有無などが影響する点を考慮すれば、結局のところ税引前当期純利益が継続かつ安定して生み出されているか、という点が重要です。
> ・業績が安定しなくなった場合には分類の下降の可能性と財務諸表への影響を考慮することも大切です。

*COLUMN*

## 会計にも限界はある

　会計は定量化できる数値によって企業の状況を外部に公表できる素晴らしい技術です。それゆえに万能であると良いのですが、会計や財務諸表には、例えば、次のような限界があります。

・集計する時点と公表する時点にタイムラグがあり、その間にも企業活動は行われているため、公表された情報はすでに古い場合があること。

・財務諸表は定量化できない要素も多く、人材の潜在能力の高さなどを企業の付加価値として反映させることは、財務諸表では期待できないこと。

　以上のように、会計から得られる情報が多い一方で、会計だけでは充足できない情報もあり、企業の現状把握や将来性の予測のためには、他の材料で捕捉することも重要です。

　最近は、非財務情報の重要性が説かれるようになってきました。非財務情報は財務情報だけでは伝えられない企業の情報を補足します。社会的課題の解決に向け企業が貢献する取組みなど、数値のみでは推し量ることのできない価値情報について触れられています。社会や世界が変化し続けていく中で、将来においても存在意義、存在価値のある企業の発見に資する情報源として注目されています。

　さて、税効果会計には分類という概念があります。これは、主に過去の実績を通じて税効果会計の適用範囲を定め、繰延税金資産の回収可能性の程度を判定するなどいわば、企業を会計の世界でランク付けするものですが、現在の分類に一喜一憂する必要はありません。財務情報と非財務情報をうまく組み合わせたものが企業の将来価値につながるはず。健全な発展を続けることで、自ずと税効果会計の分類も安定してくるのではないでしょうか。

# 第4章
# 繰延税金資産の取崩し

## 1. 繰延税金資産を取り崩すと財務諸表はどうなるか

　繰延税金資産は、目に見えない形のない資産といえます。また、回収可能性という概念を慎重に検討することによって、はじめて計上が認められる資産です。それだけに、資産計上している事実、金額そのものが正しく計上されているかを毎期常に監視することが必要な状態だともいえるのです。仮に、今まで計上していた繰延税金資産の計上が何らかの事情で全額認められなくなったとすると、P/Lの調整を伴う繰延税金資産の場合は、資産の全額を取り崩して、いうなればP/L上での損失計上の意味も有する同額相当の法人税等を増加させます。つまり利益のマイナス要因になることを表します。この、既に計上している繰延税金資産の額が、何らかの事象の発生によって減額せざるを得なくなった場合のことを、**繰延税金資産の取崩し**と呼んでいます。解消時期を迎えた際の繰延税金資産の減額も広い意味で言えば取崩しなのですが、こちらは本書では、単なる解消と位置付けて取崩しとは区別して取り扱うことにします。

　特に、分類1に該当するような会社の場合は、繰延税金資産の全額について原則として回収可能性があるとされますので、毎期の繰延税金資産の残高は、相当程度多額になっている可能性が高いです。こうした場合に万が一でも取崩しが発生すると、それだけで当期純利益のマイナス、"赤字"となってしまう可能性を秘めており、経営に大きな影響を与えるのです。

　図4-1のように、何も経営環境に変化のない安定した経営状態であれば、当期は繰延税金資産の変動はなく、法人税等調整額も発生しないので、税効果会計からは、当期の業績の変動に影響はしない、ということ

になります。

**図 4-1 繰延税金資産の取崩しがないケース**

| | N1期 | N2期 |
|---|---|---|
| 資産の部 | | |
| 　流動資産 | | |
| 　　… | | |
| 　固定資産 | | |
| 　　… | | |
| 　　投資その他の資産 | | |
| 　　　繰延税金資産 | 200,000 | 200,000 |
| 　　　… | | |
| 　固定資産合計 | | |
| 資産合計 | | 増加なし |

| | N2期 |
|---|---|
| 売上高 | 100,000 |
| … | |
| 営業利益 | |
| … | |
| 経常利益 | |
| … | |
| 税引前当期純利益 | 100,000 |
| 法人税、住民税及び事業税 | 30,000 |
| 法人税等調整額 | － |
| 法人税等 | 30,000 |
| 当期純利益 | 70,000 |

繰延税金資産の計上に影響する事象はないので、法人税等調整額の当期発生額はなし。

しかし、万が一にも既に計上されている繰延税金資産の全額の取崩しということが起こった場合には、一時に業績へのマイナス影響が懸念されます。図 4-2 は、何も起こらなければ黒字だった業績が、赤字転落をしてしまい、繰延税金資産の全額を取り崩さないといけなくなったケースです。このケースでは、法人税、住民税及び事業税をゼロと仮定します。なお、本章では、繰延税金資産の取崩しの説明に当たって、特段の断りがない限り、繰延税金資産と見合う額の調整を純資産の部の中で行うようなパターンはなく、P/L の法人税等調整額で調整するパターンを想定しています。つまり、有価証券評価差額金のようなケースはなく、賞与引当金のようなケースを想定するということです。

### 図 4-2 繰延税金資産の取崩しのケース

|  | N1期 | N2期 |
|---|---|---|
| 資産の部 |  |  |
| 　流動資産 |  |  |
| 　　… |  |  |
| 　　… |  |  |
| 　固定資産 |  |  |
| 　　… |  |  |
| 　　投資その他の資産 |  |  |
| 　　　… |  |  |
| 　　　繰延税金資産 | 200,000 | ― |
| 　　　… |  |  |
| 　　固定資産合計 |  |  |
| 資産合計 |  |  |

N2期に200,000の取崩し

|  | N2期 |
|---|---|
| 売上高 | 100,000 |
| … |  |
| 営業利益 |  |
| … |  |
| 経常利益 |  |
| … |  |
| 税引前当期純利益 | ▲300,000 |
| 法人税、住民税及び事業税 | 0 |
| 法人税等調整額 | 200,000 |
| 法人税等 | 200,000 |
| 当期純利益 | ▲500,000 |

> 極端な例ですが、全額取り崩したため、一時に法人税等の負担額が200,000増加、元々の赤字▲300,000からマイナス幅が▲500,000に膨らむという事態も物理的にはあり得ます。

　このケースは極端な例ですが、繰延税金資産の計上があるということは、経営環境の変化によって、影響を受けやすい無形の資産であるがゆえに、取崩しが起こることによって、予期せぬ業績悪化を招く潜在的なリスクがあるということです。この点については、経営者も会社の潜在的な損失発生可能額があることを理解をしておく必要があります。

> **ポイント**
> ・繰延税金資産は潜在的な損失発生可能額と捉えることもできます。取崩しが起こると、P/L で増減調整される性格の繰延税金資産の場合は、同額分の法人税負担額の増加を招き、利益額を一時に大きく損なう可能性もあります。

## 2. 企業にどのようなことが起こると、繰延税金資産の取崩しが起こるか

　繰延税金資産の取崩し事由が生じると、業績に悪影響を及ぼす可能性があるとします。ならば、その不自由がないよう振り回されずに経営したい、だから、安定的な経営を継続していくために、可能な限りこのような事態になるのを避けたいと思うのが自然です。この項目では、繰延税金資産の取崩しを引き起こす事象について説明します。

### (1) 課税所得の十分性

　基準の言葉を借りながら説明すると、繰延税金資産は、将来減算一時差異が解消するときに課税所得の減少、税金負担の軽減ができる範囲内で計上し、その範囲を超えると控除しないといけない（税効果会計基準注解（注5））とされます。

　つまり、税金の負担額を軽減させられる範囲を超えてしまうような事態に陥ってしまうと、取崩しが生じるということになります。これは、課税所得の大幅な減少又はマイナスの場合を意味します。この辺りのイメージについては、「第3章 1.(2)　繰延税金資産の回収可能性」の説明を見てください。

　なお、「その範囲を超えると控除しないといけない」額のことを、**評価性引当額**といい、注記表にも出てくる言葉となります。くわしくは、「第6章　税効果会計と注記表」で説明します。

　図4-3と図4-4はある引当金のケースを例に解消時期となる将来のN期を想定した図です。スケジューリングの結果、当初は図4-3のように、経営環境の悪化などがなければ、税額を減額させるに足る課税所得を生み出しているので、繰延税金資産の回収可能性はあると判断できま

した。ところが、図4-4のように、経営環境の悪化に伴って、残念ながら繰延税金資産の回収可能性を当てにした税額相当額を減額できるような場合ではなくなってしまいました。

### 図4-3　課税所得の十分性①

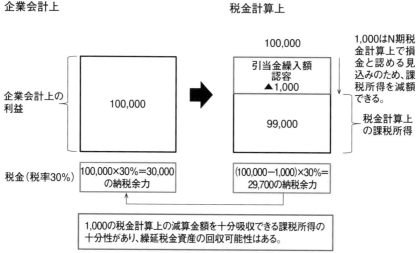

### 図4-4　課税所得の十分性②

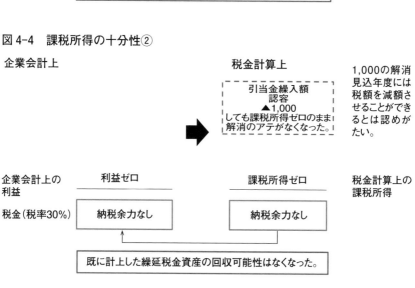

このような経営環境の変化は既に計上している繰延税金資産の取崩しを招く要因となりえます。

　これは、専門的にいうと、将来減算一時差異の解消見込年度に収益力に基づく一時差異等を加減算する前の課税所得が生じる見込みが高いかどうか（回収可能性適用指針第6項(1)①）や、将来減算一時差異が解消する見込みの年度に、含み益のある固定資産や有価証券などを売却する等のタックス・プランニングというものに基づく一時差異等を加減算する前の課税所得が生じる見込みが高いかどうか（同第6項(2)）などといった要件に照らして、繰延税金資産の回収可能性を見直すかどうかの検討論点です。こうした収益力の予測やタックス・プランニングの前提が当初の前提から変更される、覆るなどの経営環境の変化は繰延税金資産の取崩しに影響を及ぼすということです。

　繰延税金資産から控除すべき金額があるか、どの程度控除しなければならないかについては、毎期その金額を見直し、回収可能性の判断を行います。その結果、将来の税金負担額を軽減する効果を持たなくなったと判断した場合は、計上している繰延税金資産のうちの回収可能性がない金額について取り崩すことになります（回収可能性適用指針第8項）。

　さすがに一時に全額の取崩しということはなかなか起こりませんが、一部取崩しなどは実務上でも起こり得ますので、回収可能性の判断を行うタイミングとなる決算期末には注意深く観察することが必要です。

## (2) 分類変更による場合

　分類の変更による繰延税金資産の取崩しの可能性については、「第3章 2. 分類の変更による税効果会計と業績に与える影響」で説明したとおりです。分類の変更は、スケジューリングや、繰延税金資産の回収可能性など、税効果会計の適用範囲に大きな影響を与えます。分類の判定に要する期間は、例えば過去（3年）と当期といったように複数の期間が対象となるため、短期の業績変動が直ちに影響するわけではなく、頻繁に変更が起こるわけではありませんが、常に注視しておく必要があります。

## (3) スケジューリング可能な一時差異とスケジューリング不能な一時差異など

　分類とあわせて気に留めておく必要があることは、スケジューリング可能・不能の別や"解消見込年度が長期にわたる将来減算一時差異"といわれる項目などの存在です。

　本書ではくわしく触れませんが、これらの項目も毎期の経営環境、会社の分類、スケジューリングの結果、経営意思決定の有無、経営意思決定の変更の有無などに左右される可能性があります。この結果、繰延税金資産の回収可能性、計上可否に影響を及ぼし、最終的に、業績に影響を及ぼす可能性があります。しかし、これらは財務諸表作成担当者であれば、実務対応上細かく気にしておくべき点なのですが、経営者の場合、何がスケジューリング可能で、不能で、長期にわたる、などの判断を行うまでの必要性はないでしょう。経営者としては、税効果会計のワークシート作成担当者を通じて、大枠でも構いませんので毎決算期に説明を受けて、税効果会計の状況について現状を理解しておくだけで

も、今後の対策に有効な手立てを取るために役立つ情報を得られるはずです。

> **ポイント**
> ・繰延税金資産は将来の税額負担を軽減させることのできる範囲内での計上が認められています。それを超えた場合、既に計上していた繰延税金資産は取り崩す、ということが必要です。
> ・繰延税金資産を取り崩す要因としては、会社の収益力やタックス・プランニングの状況に応じて回収可能性の判断を行った結果として取り崩す必要が生じた場合や、分類の変更に伴う場合、スケジューリング可能・不能や将来減算一時差異の解消見込年度が長期にわたる場合などが考えられます。
> ・経営者としては、税効果会計のワークシートを作成する担当者や部署からの報告を定期的に受け、潜在的に繰延税金資産の取り崩す可能性がないかどうかを毎期注意しておく必要があります。

## 3. 繰延税金資産の取崩しがなぜ業績のマイナス要因になるのか

　繰延税金資産の取崩しが行われ、それがP/Lの法人税等調整額での調整を要するものであれば、ダイレクトに当期純利益のマイナスに影響するという説明は既にしました。潜在的な業績のマイナス要因は、繰延税金資産として計上されている額の多寡に影響するため、例えば分類5で繰延税金資産の計上を一切していないという場合であれば、少なくとも税効果会計が原因での業績のマイナスは起こりにくいということは分かります。分類の数字が1に近く、かつ、繰延税金資産の計上額が大きい会社ほど、将来の業績マイナス要因も大きいということになります。

　では、こう考える方もいるでしょう。図4-5のように潜在的に取り崩す可能性があるならば、低い分類にしてもらって、繰延税金資産を計上しなければよいではないか？と。しかし、これはダメです。正しく会計基準を適用し、そのルールに従うことが会計のお約束です。スケジューリングの面でも、極端に保守的にして、全部をスケジューリング不能としてしまうことだって、会計のルールからは逸脱しているといえます。

　取崩しを目前にして、あるいは分類の数字が大きく（悪化する）なる可能性を前にして、という場面で、取崩し自体に否定的となってしまうケースも考えられます。将来事象や会社のおかれている経営環境に鑑み、その影響が一時的なのであれば、やむを得ない面もあります。しかし、回収可能性適用指針に照らして判断した結果、この分類に留まるのは難しい、収益性やタックス・プランニングから考えると、繰延税金資産の取崩しが妥当だと考えられる場面で、余計に引っ張ってしまうと、後々になって取り返しのつかない状況での取崩しが発生してしまい、かえって悪影響を及ぼす、損失が大きくなる可能性が高まります。

経営者に求められるのは、取崩しのリスクが顕在化するまで放置してしまうことではありません。常に業績悪化を招く可能性を考慮して、そのリスクに直面しても動じないためにも、その時が来たら（取り崩さなければならない局面では）適切な手順を踏み取崩しを行うこと、その後の経営判断においても、負ってしまった痛手を健全な方法で最小限に留めるにはどうしたら良いかについて、常に考えておくことです。必要なら、こうした点について、普段から社内でよく協議しておくことです。

　どうしても、経営陣の集まりでは、営業や経営を前に進める話が中心にはなりますが、特に上場会社など有価証券報告書や決算短信を公表するという立場の会社においては、財務諸表を理解して使いこなせる経営者でなくてはなりません。そのためには、税効果会計など、計数感覚を研ぎ澄ましておかないと対応できないような会計にも前向きに取り組んでいただくこと、これも経営者の重要な役割の一つです。

### 図 4-5　分類に従って繰延税金資産を計上する

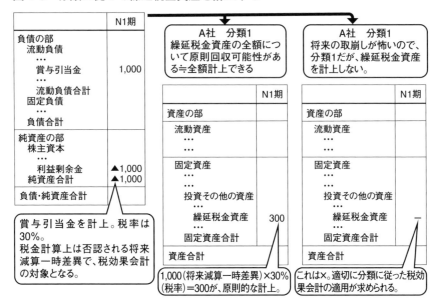

### ポイント

・分類に従った税効果会計の適用を行い、将来の潜在的なリスクに備えるための対応は常に現場のメンバー（財務諸表作成担当部署など）と協議しておきます。
・会計は日々の経営や営業と分野が異なるように見えますが、経営者には公表される財務諸表に対する説明責任があります。したがって、税効果会計のような難しい会計基準でも、大枠は理解して会計に明るい経営者でいることが大切です。

## COLUMN

## 繰延税金資産・負債を英語でいうと

　繰延税金資産（くりのべぜいきんしさん）と繰延税金負債（くりのべぜいきんふさい）、難しい言葉です。日本の会計用語自体が、日常生活と馴染みのない言葉ばかりですが、特に、税効果会計に出てくるこれらの言葉は、どういうニュアンスでお伝えすれば、みなさんがイメージしやすいかと考え尽くしても、どうしても難しさが残ってしまう概念ですね。

　さて、会計の業界用語として略称を使うことがあります。税効果会計にいう、繰延税金資産と繰延税金負債の場合は、それぞれ DTA、DTL といった言葉で略されます。これは、Deferred Tax Asset（（ディファード・タックス・アセット）繰延税金資産）と Deferred Tax Liability（ディファード・タックス・ライアビリティー）繰延税金負債）の略です。

　海外子会社などを持つ企業グループでは、海外現地法人の決算書が英語表記の場合、こちらの英語略を見る機会の方が多いかもしれませんが、日本の本社や親会社での会計の話題をした時に、突然 DTA や DTL という言葉が出て来ても分からないですよね。このコラムをご覧になった後であれば、税効果会計のことを言っているということが分かります。DTA と DTL がどっちだっけ？という場合は、A はアセットだから資産、L はライアビリティーだから負債というように覚えておきます。しかし、業界用語を英語でばかり、略称でばかり使って会話していると、結局何の会話をしているか、他の言葉の意味が分からない、という事態に遭遇する可能性も高まりますが…。なにごとも、難しい言葉、分かりにくい言葉はほどほどの方が良いのかもしれません。

# 第5章
# 税率と税効果会計

## 1. 法定実効税率とは

　これまでの説明でも、税率が出てきていましたが、多くは30%という便宜上の数字を使ってきました。税金計算上使用される税率は各々の税によって取扱いが異なりますが、企業会計上、税効果会計の適用に当たっての税率は、**法定実効税率**というものを使います。

　これは、計算式が決まっており、連結納税制度を適用する場合を除いて、以下のように計算を行います（税効果会計適用指針第4項(11)）。

$$\text{法定実効税率（％）} = \frac{\text{法人税率} \times (1 + \text{地方法人税率} + \text{住民税率}) + \text{事業税率}}{1 + \text{事業税率}}$$

　また、超過税率を適用する自治体で、地方法人特別税を考慮した場合の法定実効税率は以下のとおりですので参考までに示しておきます。

　なお、地方税法によって定められる標準税率ではなく、条例によって、より高い税率で税金を課す場合の税率を超過税率といいます。

$$\text{法定実効税率（％）} = \frac{\begin{array}{c}\text{法人税率} \times (1 + \text{地方法人税率} + \text{住民税率}) \\ + \text{地方法人特別税率} \times \text{事業税率（標準税率）} \\ + \text{事業税率（超過税率）}\end{array}}{\begin{array}{c}1 + \text{地方法人特別税率} \times \text{事業税率（標準税率）} \\ + \text{事業税率（超過税率）}\end{array}}$$

例えば、超過税率を適用する自治体で、以下の税率であった場合の法定実効税率は次のとおりです。

| 法人税率 | 23.0% |
|---|---|
| 地方法人税 | 10.0% |
| 住民税（都道府県民税＋市町村民税） | 10.0% |
| 事業税<br>（超過税率） | 3.5% |

$$\text{法定実効税率} = \frac{23.0\% \times (1 + 10.0\% + 10.0\%) + 3.5\%}{1 + 3.5\%}$$

$$= \text{約 }30\%$$

現行の公表されている税率に基づいて法定実効税率を計算した場合、基本的に本書で示す30%の概算値とさほど変わらない法定実効税率になっています。このため、経営者としては、法定実効税率の計算方法を知っていることが望ましいですが、およそ30%から大きくずれることはないため、経営資料を読む際、分析する際には、30%と押さえておくと良いです。

繰延税金資産・繰延税金負債の金額は、回収や支払が行われると見込まれる期の税率に基づき試算（税効果会計基準 第二・二2.）します。この見込まれる期の税率というのは、いわゆる一時差異等が解消する期の税率ということです。

例えば、N1期の税率が32%、N2期の税率が30%だったとして、賞与引当金の発生がN1期に1,000あり、N2期に税金計算上との差異が解消し認容減算される場合、図5-1のように一時差異解消年度の30%を使用して税額相当額を計算します。

## 図5-1　解消年度の税率適用例

| 税率 | 32% | 30% |
|---|---|---|
|  | N1期 | N2期 |
| 資産の部 |  |  |
| 　流動資産 |  |  |
| 　　… |  |  |
| 　　… |  |  |
| 　固定資産 |  |  |
| 　　… |  |  |
| 　　投資その他の資産 |  |  |
| 　　　… |  |  |
| 　　　繰延税金資産 | 300 | ― |
| 　　　… |  |  |
| 　固定資産合計 |  |  |
| 資産合計 |  |  |

|  | N1期 | N2期 |
|---|---|---|
| 売上高 | 100,000 | 100,000 |
| … |  |  |
| 営業利益 |  |  |
| … |  |  |
| 経常利益 |  |  |
| … |  |  |
| 税引前当期純利益 | 100,000 | 100,000 |
| 法人税、住民税及び事業税 | 30,300 | 29,700 |
| 法人税等調整額 | ▲300 | 300 |
| 法人税等 | 30,000 | 30,000 |
| 当期純利益 | 70,000 | 70,000 |

将来減算一時差異は1,000。
税効果会計は、差異発生年度に計上しますが、使用する税率は、差異解消が見込まれる年度（N2期の30％）のものを使います。
1,000×32％は×
1,000×30％が○

税効果会計は、差異発生年度に計上しますが、使用する税率は、差異解消が見込まれる年度（N2期の30％）のものを使います。
1,000×32％は×
1,000×30％が○

このため、例えば税効果会計のワークシート作成担当者は、項目ごとに、解消時期がいつか、その解消する期の法定実効税率は何％かという把握をしておかなければなりません。

## 1. 法定実効税率とは

| | 一時差異等の額 | 解消年度の税率 | 繰延税金資産<br>繰延税金負債（▲） | 備考 |
|---|---|---|---|---|
| 貸倒引当金 | 10,000 | 30% | 3,000 | 10,000 × 30% |
| 賞与引当金 | 15,000 | 28% | 4,200 | 15,000 × 28% |
| (中略) | | | | |
| 繰延税金資産 | | | 13,400 | |
| …準備金 | 3,000 | 30% | ▲900 | 3,000 × 30% |
| (中略) | | | | |
| 繰延税金負債 | | | ▲1,000 | |
| その他有価証券評価差額金 | 4,000 | 30% | ▲1,200 | 4,000 × 30%<br>P/Lの調整なし |

　上図は便宜上複数の取引を1つのシートにまとめていますが、実際のワークシートは、スケジューリングに基づく解消可能時期ごとの一時差異の額、解消時期ごとの税率をあらかじめ表に出しておき、繰延税金資産、繰延税金負債、純資産の部の評価替え（P/Lで調整されないため別枠で項目を設ける）などの区分ごとに集計の上、相殺差額をB/S表示させるという表を作成します。この表では、貸倒引当金では30%の税率を使用するが、賞与引当金は28%の税率を使用するなどとしており、各項目や解消年度ごとに適用する法定実効税率が異なることを表しています。

　主に実務作成者の方への留意点となりますが、法定実効税率の計算、一時差異等解消年度の法定実効税率の適用を誤るというケースは実務上多くみられることですので、留意ください。

> **ポイント**
> ・税効果会計で使用する税率は法定実効税率です。普段の経営分析等で使用する場合は、およそ 30% と覚えておけば良いです。
> ・法定実効税率は一時差異等の解消年度のものを適用します。今の税率ではありません。

## 2. 法人事業税の改正と、特別法人事業税・特別法人事業譲与税の新設

　法定実効税率は、税制改正の影響を受けながら毎年少しずつ変化をしてきています。なお、税制改正の動向について、平成31年度（2019年度）の税制改正大綱により改正予定の内容が明らかになりました。改正論点について、経営者が自ら計算をすることなどは通常考えられませんが、税制改正の動向に敏感になっておくことは有益ですので、参考情報として説明します。

　2019年10月1日以降に開始する事業年度について、これまでの税制改正では、法人事業税から分離する形で設けられた地方法人特別税の廃止に伴い、法人事業税に復元される予定でした。つまり、元々は法人事業税1つだったものが2つ（元々の法人事業税と地方法人特別税）に分かれ、再び1つに戻るということですね。

　ところが、平成31年度の税制改正大綱で明らかになった改正点として、特別法人事業税（仮称）の創設が予定されています。特別法人事業税（仮称）は、法人事業税（所得割・収入割）の納税義務者に対して課税される国税で、法人事業税に併せて納付を行うものです。納める税金の額は、法人事業税額に一定率を乗じることによって計算します。

〔計算のイメージ〕
　特別法人事業税（仮称）の税額　＝　法人事業税　×　○○％

　なお、この特別法人事業税（仮称）の創設に伴い、法人事業税の税率を下げることによって、トータルの税率にはほとんど影響しないように制度設計されています。

経営者としては、税金の額はトータルでほぼ変わらないけど、地方法人特別税があった時のように、税金の種類がまた2つに分かれたので、税金計算や法定実効税率の計算が多少面倒になるのだな、という印象で捉えていただければ結構です。

また、特別法人事業税（仮称）によって得た収入額について人口で按分した額をもって、使途を限定しない一般財源として都道府県に譲与するという、特別法人事業譲与税（仮称）の創設も、今回の税制改正大綱で予定されています。

法人事業税は都道府県が課す税金ですので集まった税金は都道府県の収入となりますが、税率が下がることで特に大都市の財源が減ると予想されます。さらに、特別法人事業税（仮称）という新たな国税を設けることで、この収入源が各都道府県に譲与されることで、地方の財源の強化を狙うという政策目的を持つ税制改正が予定されているというわけです。

法人事業税について、現行の2019年10月以降に適用が予定されている税率と比べた改正案の概要は次のとおりです。

**資本金が1億円超の普通法人の所得割の標準税率（外形標準課税適用法人）**

| 所得（年） | 現行 | 改正案 | 減少率 |
|---|---|---|---|
| 400万円以下 | 1.9% | 0.4% | ▲1.5% |
| 400万円超　800万円以下 | 2.7% | 0.7% | ▲2.0% |
| 800万円超 | 3.6% | 1% | ▲2.6% |

**資本金が1億円以下の普通法人等の所得割の標準税率（外形標準課税適用法人以外）**

| 所得（年） | 現行 | 改正案 | 減少率 |
|---|---|---|---|
| 400万円以下 | 5% | 3.5% | ▲1.5% |
| 400万円超　800万円以下 | 7.3% | 5.3% | ▲2.0% |
| 800万円超 | 9.6% | 7% | ▲2.6% |

続いて、特別法人事業税（仮称）の税率案の概要は次のとおりです。

| 法人の種類 | 税率 |
|---|---|
| 外形標準課税適用法人 | 法人事業税の所得割　×　260% |
| 外形標準課税適用法人以外 | 法人事業税の所得割　×　37% |

これらの改正点を踏まえた改正案の合計税率と現行の税率を比較すると次のようになります。

**資本金が1億円超の普通法人の所得割の標準税率（外形標準課税適用法人）**

| 所得（年） | 法人事業税 | 特別法人事業税 | 合計 | （参考）現行 |
|---|---|---|---|---|
| 400万円以下 | 0.4% | 1% | 1.4% | 1.9% |
| 400万円超　800万円以下 | 0.7% | 1.8% | 2.5% | 2.7% |
| 800万円超 | 1% | 2.6% | 3.6% | 3.6% |

※　特別法人事業税の税率は法人事業税×260%により計算しています。
　　（例：所得（年）400万円以下の場合、0.4%×260%＝約1%）

**資本金が1億円以下の普通法人等の所得割の標準税率（外形標準課税適用法人以外）**

| 所得（年） | 法人事業税 | 特別法人事業税 | 合計 | （参考）現行 |
|---|---|---|---|---|
| 400万円以下 | 3.5% | 1.3% | 4.8% | 5% |
| 400万円超　800万円以下 | 5.3% | 2% | 7.3% | 7.3% |
| 800万円超 | 7% | 2.6% | 9.6% | 9.6% |

※ 特別法人事業税の税率は法人事業税×37％により計算しています。
　（例：所得（年）400万円以下の場合、3.5％×37％＝約1.3％）

このように、トータルの税率でみると、改正前後で大きな税額の変更は行われない予定です。

以上を踏まえた、今回の税制改正大綱の内容を受けた改正案による法定実効税率の計算式は次のようになると規定されます。

$$法定実効税率（\%） = \frac{法人税率 \times (1 + 地方法人税率 + 住民税率) + 特別法人事業税率 \times 事業税率 + 事業税率}{1 + 特別法人事業税率 \times 事業税率 + 事業税率}$$

例えば、以下の税率であった場合の法定実効税率は次のとおりです。

| 法人税率 | 23.0% |
|---|---|
| 地方法人税 | 10.0% |
| 住民税（都道府県民税＋市町村民税） | 10.0% |
| 特別法人事業税 | 260% |
| 事業税(標準税率) | 1% |

$$法定実効税率 = \frac{23.0\% \times (1 + 10.0\% + 10.0\%) + 260\% \times 1\% + 1\%}{1 + 260\% \times 1\% + 1\%}$$

$$= 約30\%$$

よって平成31年度税制改正大綱によって法人事業税の改正は行われる予定だけど、現行の税率のときと同様に法定実効税率は約30％のままなので、経営分析には特に影響しないな、とお考えいただくとよいでしょう。

> **ポイント**
> ・平成31年度税制改正大綱では、法人事業税の改正、特別法人事業税と特別法人事業譲与税の新設が予定されていますが、法定実効税率自体は約30％とされる現状からほぼ変更がないままですので、経営分析等で使用する税率もこれまで同様のものを使用いただければ大丈夫です。

## 3. 税率と税効果会計との関係

　法定実効税率は税効果会計の適用に影響を及ぼします。特に、スケジューリングを行う際の解消時期と法定実効税率との関係においてです。

　例えば、ある将来減算一時差異があり、当初は差異の解消時期を3期後と見積もっていましたが、経営意思決定に伴って翌期に差異解消時期を迎える見込みとなったようなケースを考えます。この場合、当初の解消時期と新たな解消時期とで法定実効税率が異なるケースということが考えられます。実務対応上は、繰延税金資産の回収が行われると見込まれる期の税率（税効果会計基準　第二・二2.）に基づいて繰延税金資産の金額を計算しますので、新たな解消時期の税率を使用することとなります。

|  | 1期後 | 2期後 | 3期後 |
| --- | --- | --- | --- |
| 法定実効税率 | 32% | 31% | 30% |
| 将来減算一時差異の当初の解消時期 | － | － | 2,000 |
| 将来減算一時差異の新たな解消時期 | 2,000 | － | － |
| 繰延税金資産 | 640 | － | 600 |
| 差異額 | ＋40<br>(640 － 600) | － | － |

> **ポイント**
> ・スケジューリングによる解消時期の変更があった場合、変更される解消年度の法定実効税率を使用します。このため、この種の変更があると、適用する税率を変える場合があり、税効果会計の適用金額にも影響する場合があります。

## 4. 税率が変わると税効果会計にも影響を与える

　最近の相次ぐ法人税等の改正に伴う税率変更は、法定実効税率にも影響を及ぼすだけでなく、繰延税金資産や繰延税金負債の計上額にも影響を与えることになります。

　税効果会計の適用に当たっては、法人税等について税率の変更があった場合には、過年度に計上された繰延税金資産・繰延税金負債を新たな税率に基づき再計算する（税効果会計基準注解（注6））とされているからです。また、法人税等について税率の変更があったことなどによって繰延税金資産・繰延税金負債の金額を修正した場合は修正差額を法人税等調整額に加減する会計処理を行います（同（注7））。ただし、純資産の部の評価替え項目などP/Lでの調整に馴染まないものについては別途の定めがされています。

　ということは、税率が変わると税効果会計に影響する、その影響は業績に影響を与える場合が多いということですね。

## 図5-4 税率変更の適用例

| 税率 | 32% | 30% |
|---|---|---|
| | (変更前)N1期 | (変更後)N1期 |
| 資産の部 | | |
| 　流動資産 | | |
| 　　… | | |
| 　固定資産 | | |
| 　　… | | |
| 　　投資その他の資産 | | |
| 　　　… | | |
| 　　　繰延税金資産 | 320 | 300 |
| 　　　… | | |
| 　固定資産合計 | | |
| 資産合計 | | |

| | (変更前)N1期 | (変更後)N1期 |
|---|---|---|
| 売上高 | 100,000 | 100,000 |
| … | | |
| 営業利益 | | |
| … | | |
| 経常利益 | | |
| … | | |
| 税引前当期純利益 | 100,000 | 100,000 |
| 法人税、住民税及び事業税 | 30,320 | 30,320 |
| 法人税等調整額 | ▲320 | ▲320 |
| 法人税等調整額 | − | 20 |
| 法人税等 | 30,000 | 30,020 |
| 当期純利益 | 70,000 | 69,980 |

- 将来減算一時差異が1,000とする。
- 税率が30%に変更され、1,000×30%が新たな繰延税金資産残高となる。
- 変更前の税率32%と変更後の税率30%との差=1,000×2%=20だけ、繰延税金資産が減少するため、税負担額の増加分を同額、法人税等調整額で処理する。

　図5-4では、説明の便宜上、税率変更による影響額のP/L側での調整項目を2行に分けましたが、N1期に生じた将来減算一時差異が1,000あるとき、税率変更前の差異解消期の法定実効税率が32%、繰延税金資産が320であったところ、差異解消期の税率の変更に伴って30%となりました。

　この際には、変更後の税率を適用し、1,000 × 30% = 300が新たな繰延税金資産残高となります。このことから分かるように、税率変更があり、それが減税方向に働いた場合、繰延税金資産をすでに計上している場合ですと、繰延税金資産残高が減少します。このことは、繰延税金資産の取崩しに形が近いものとなり、税負担額を押し上げる結果として、利益のマイナス要因となります。

| 法定実効税率<br>上昇↑　下落↓ | 繰延税金資産<br>繰延税金負債 | 利益<br>上昇↑　下落↓ |
|---|---|---|
| ↑ | 繰延税金資産残高　↑ | ↑ |
| ↑ | 繰延税金負債残高　↑ | ↓ |
| ↓ | 繰延税金資産残高　↓ | ↓ |
| ↓ | 繰延税金負債残高　↓ | ↑ |

　今回のケースでは、繰延税金資産が20減少し、従来の法人税等調整額▲320の額に対して、税負担額の増加20の調整を行い、法人税調整額は▲300となりました。

　このように、純資産の部の評価替えなどではない、P/Lを調整額とする繰延税金資産、繰延税金負債の一時差異等について、税率の変更があった場合、法人税等調整額にて加減算処理を行います。

> **ポイント**
> ・税率変更があった場合は、変更後の新たな税率に基づいて繰延税金資産、繰延税金負債を再計算します。
> ・繰延税金資産残高が多い場合、税率が減少すると、繰延税金資産の取崩しに近い形となり、法人税等負担額の増加と利益のマイナス要因となります。
> ・純資産の部の評価替えなどの場合を除き、税率変更の影響差額は、法人税等調整額の加減算処理を行います。

## COLUMN

## 法定実効税率 40% の時代は終わった

　税効果会計の計算には、法定実効税率を使います。この法定実効税率は、学習用の教材の多くで概算値が示されますが、その税率は、少し前まで 40% と設定しているものが多かったように記憶しています。しかし、最近の例示では 30% が使われることが多くなりました。この差はどうして生まれたか…。

　その背景には、法人税改革といって、稼ぐ力の高い企業への法人課税を緩やかにすることによって、余剰の利益を使って積極的に人材や設備などの投資をするように企業を向かわせる狙いがありました。また、国際比較の上でも、日本の税が高止まりしてしまうことは、企業側の視点に立てば、税の魅力が見劣りするように映ります。企業の日本離れを防ぐためにも、ここ最近、年々税率を引き下げてきました。これだけですと、極端な税収減となってしまいますので、課税される対象を広げる施策も取られ、法人税などの税収の落ち込み分をカバーする対策も同時に行われています。これらの改革の結果として、法定実効税率は従来の 40% 水準から 30% 水準まで下げられるようになり、ようやく、世界的にみても大差のない状況に落ち着きました。

　しかし、税率改正により税効果会計の世界では困ったことが起こります。日本の実務上は、繰延税金負債よりも繰延税金資産を計上するケースが多いのですが、法定実効税率が低下すると、既に計上している資産額を取り崩すことが必要です。詳しくは、本章をご覧ください。

　約 10% の税率ダウンによる繰延税金資産の減少インパクトは、P/L にも利益の減少要因として影響します。経営成績の公表にあたって、利益のマイナスインパクトはつらいです。税率改正前後の税効果会計は、業績を左右するほどの影響力があります。恐るべし…税効果会計。

# 第6章
# 税効果会計と注記表

# 1. 経営者が最低限知っておくべき、税効果会計注記のポイント

　注記表は財務諸表の直後に掲載されている情報で、財務諸表に掲載されていないけれど、公表された資料の読み手にとって有益な情報、分析に当たって必要な資料、財務諸表のみでは詳細が把握できない補足情報などを掲載するため積極的に別途の情報を注記という形で記載するものです。

　税効果会計に関する注記情報としては、次の4つが会計基準上列挙されています（税効果会計基準　第四、税効果会計基準一部改正第3項）。

1. 繰延税金資産（負債）の発生原因別の主な内訳
2. 税引前当期純利益に対する法人税等（法人税等調整額を含みます。）の比率と法定実効税率との間に重要な差異があるときの、当該差異の原因となった主要な項目別の内訳
3. 税率変更により繰延税金資産及び繰延税金負債の金額が修正されたときは、その旨及び修正額
4. 決算日後に税率変更があった場合の内容及びその影響

　また、繰延税金資産（負債）の発生原因別の主な内訳の注記に当たっては、繰延税金資産から控除された額をあわせて記載します（税効果会計基準注解（注8）、税効果会計基準一部改正第4項）。この控除された額というのは、**評価性引当額**という言葉が使用されています。評価性引当額というのは、一時差異など税効果会計のルールによって集計される金額のうちには含まれているので、いったんは、繰延税金資産や繰延税金負債の金額の集計には入りますが、分類やスケジューリングや各社の事

情によって、計上してはいけませんよ、といった場合に、最終的に財務諸表に計上する資産や負債計上の範囲から除く、つまり、対象外にしましょうよ、という金額のことをいいます。

　繰延税金資産のうち評価性引当額を控除した残額が繰延税金資産となりますが、財務諸表の読み手からすると、全体の将来減算一時差異のうち、繰延税金資産の対象とならなかった金額そのものが分析に使用するために大切な情報にもなり得るわけです。評価性引当額には、例えば、スケジューリング不能な一時差異、長期にわたる将来減算一時差異やスケジューリング可能差異といった各項目について当社の分類に照らした結果、評価性引当額とすることが望ましいと判断した額などが含まれます。

　このほか、近時の改正論点にはなりますが、2018年2月16日制定の税効果会計基準一部改正第4項では、税効果会計基準注解（注8）の記載内容を改正し、(1)で繰延税金資産の発生原因別の主な内訳の注記内容に、税務上の繰越欠損金を記載している場合で、その額が重要なときは、評価性引当額を、税務上の繰越欠損金に係るものと将来減算一時差異等の合計に係るものとに分けて記載することとなりました。これは、評価性引当額のうち、税務上の繰越欠損金に係る評価性引当額についても、投資家は可能であれば知りたい情報だということです。会社側からすると、この情報が公表されることによって、ある程度、評価性引当額となっている繰越欠損金の残高が分かってしまうという難点もあることは確かです。

　(2)では、評価性引当額に重要な変動が生じている場合は、その変動の主な内容を記載することとなっています。

　また、同第5項では、税効果会計基準注解（注9）の追加で、繰延税

金資産の発生原因別の主な内訳に税務上の繰越欠損金を記載している場合で、その額が重要であるときは、繰越期限別の税務上の繰越欠損金の額に納税主体ごと（A社、B社など会社ごとの、という意味）の法定実効税率を乗じた額、税務上の繰越欠損金に係る評価性引当額と繰延税金資産の額の記載、このほか、税務上の繰越欠損金に係る重要な繰延税金資産を計上している場合には、その繰延税金資産を回収可能と判断した主な理由を記載するようになりました。

開示の充実という点では、最近改正されたばかりの論点が多い税効果会計関係注記は、まだ十分な開示例が無い段階なので、今のところは何とも言えませんが、今後、開示例が増えていくに従って、注目される注記の一つです。

## (1) 繰延税金資産及び繰延税金負債の発生原因別の主な内訳

繰延税金資産及び繰延税金負債の発生原因別の主な内訳の注記は、財務諸表の読み手からすると、何の原因でどの程度の金額の繰延税金資産等が発生しているか、評価性引当額はいくらか、などの分析に使用される貴重な情報源となります。

実際の開示例は図6-1のとおりですが、今後適用が見込まれる税効果会計基準一部改正に従って示しています。

## 1. 経営者が最低限知っておくべき、税効果会計注記のポイント

### 図 6-1 税効果会計関係

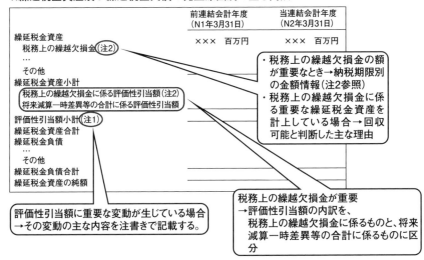

（注2） 税務上の繰越欠損金及びその繰延税金資産の繰越期限別の金額

|  | 1年以内<br>(百万円) | 1年超<br>2年以内<br>(百万円) | 2年超<br>3年以内<br>(百万円) | 3年超<br>4年以内<br>(百万円) | 4年超<br>5年以内<br>(百万円) | 5年超<br>(百万円) | 合計<br>(百万円) |
|---|---|---|---|---|---|---|---|
| 税務上の繰越欠損金(*1) | − | − | ××× | − | − | − | ××× |
| 評価性引当額 | − | − | ▲××× | − | − | − | ▲××× |
| 繰延税金資産 | − | − | ××× | − | − | − | ××× |

*1 税務上の繰越欠損金は、法定実効税率を乗じた額です。

## (2) 法定実効税率と税効果会計適用後の法人税等の負担率との間に重要な差異があるときの、当該差異の原因となった主要な項目別の内訳

この内訳については、法定実効税率と税効果会計を適用した後の法人税等（法人税等調整額を加減算した後の法人税等）の負担率との差異が法定実効税率の100分の5以下の場合には、注記の省略が可能（連結財務諸表規則第15条の5第3項）とされています。この100分の5以下か否かは、N2期を例にとった場合、次の図6-2のように考えます。左側の内訳が必要な場合の図では、税負担率が50％であり、注記の省略が可能な範囲外のため、内訳の記載が必要です。右側の内訳が不要な場合の図では、税負担率が31％、注記の省略が可能な範囲にあるため内訳の記載は不要です。

### 図6-2

法定実効税率と税効果会計適用後の法人税等の負担率との間の差異の原因となった主要な項目別の内訳の要否

**内訳が必要な場合**

|  | N1期 | N2期 |
|---|---|---|
| 法定実効税率 | 30% | 30% |
| … | | |
| 税引前当期純利益 | 100,000 | 100,000 |
| 法人税、住民税及び事業税 | … | … |
| 法人税等調整額 | … | … |
| 法人税等 | 50,000 | 50,000 |
| 当期純利益 | 50,000 | 50,000 |

法定実効税率＝30％
税効果会計適用後の法人税等の負担率
＝50,000(法人税等)÷100,000(税引前当期純利益)＝50％
省略できる％＝30％×100分の5＝1.5％
∴28.5％ ≦ 30％ ≦ 31.5％が省略可

50％は100分の5超のため、内訳は必要

**内訳が不要な場合**

|  | N1期 | N2期 |
|---|---|---|
| 法定実効税率 | 30% | 30% |
| … | | |
| 税引前当期純利益 | 100,000 | 100,000 |
| 法人税、住民税及び事業税 | … | … |
| 法人税等調整額 | … | … |
| 法人税等 | 32,000 | 31,000 |
| 当期純利益 | 68,000 | 69,000 |

法定実効税率＝30％
税効果会計適用後の法人税等の負担率
＝31,000(法人税等)÷100,000(税引前当期純利益)＝31％
省略できる％＝30％×100分の5＝1.5％
∴28.5％ ≦ 30％ ≦ 31.5％が省略可

31％は100分の5以下のため、内訳は不要

## 図6-3

法定実効税率と税効果会計適用後の法人税等の負担率との間に重要な差異があるときの、当該差異の原因となった主要な項目別の内訳

|  | 前連結会計年度<br>（N1年3月31日） | 当連結会計年度<br>（N2年3月31日） |
| --- | --- | --- |
| 法定実効税率 | 30% | 30% |
| （調整） | | |
| 交際費等永久に損金に算入されない項目 | ×× | ×× |
| 受取配当金等永久に益金に算入されない項目 | ×× | ×× |
| 住民税均等割 | ×× | ×× |
| 評価性引当額の増減 | ×× | ×× |
| その他 | ×× | ×× |
| 税効果会計適用後の法人税等の負担率 | 45% | 50% |

　図6-3に見本として示したこの内訳は、通称税率差異分析（タックスプルーフ）と呼ばれているもので、自社の税率分析にも役立つ注記です。なぜかというと、自社の法定実効税率と、税効果会計適用後の法人税等の負担率との差異を把握することで、税効果会計を適用しても詰まらない差異はなぜ生じているかの原因が分かること、それによって、原因不明な差異が限りなくゼロに近いようであれば、税効果会計の適用と法定実効税率の計算結果はほぼ正しいことが証明できることになるからです。

　差異の詰まらない原因として挙げられる代表例は、第2章で説明した**永久差異**（例えば、交際費の損金不算入額、受取配当等の益金不算入額）です。これらは発生すると、時期を隔てて調整される性格のものではないため、ズレが生じたまま解消されません。

　また、**住民税均等割**といって、課税所得の有無にかかわらず、一定金額が発生するものがある場合、税率に関係なく定額で発生してしまいます。このため、税引前当期純利益に法定実効税率を掛けた金額と整合しないため、住民税均等割がある場合には差異原因となります。

　この他にも、先ほど少し説明した**評価性引当額**というものがありま

す。税金負担額を軽減することができると認められる範囲を超える額について控除しなければならない額については、法人税等調整額の調整対象外とされてしまっているため、この変動分だけ税負担額とずれる要因となります。

　タックスプルーフは、注記表とは別に表計算ソフトを活用したワークシートを作成して集計することが実務上多くなっています。その際の作成ポイントを以下に挙げておきます。

1. 税効果会計適用後のP/Lを完成させます。
2. 税引前当期純利益、法人税、住民税及び事業税、法人税等調整額の金額を入力して、税効果会計適用後の税負担率を計算します。
3. 税負担率と法定実効税率を入力します。
4. 3.で入力した両者の差異（これを税率差異といいます。）を生じさせている要因と考えられる項目を入力します。
5. 税率差異が税負担率に与える影響を計算します。
   ・交際費の損金不算入額などの永久差異
     →　課税所得に加減算された金額　×　法定実効税率
   ・住民税均等割、評価性引当額の変動額
     →差異金額がそのまま税負担に影響します。
6. 上記1.から5.で計算した税率差異と、法定実効税率・税負担率との差額が出ます（一致することはほぼありません）。
7. 6.の差額を仮にその他とします。
8. その他の額が許容できる水準かどうかを確認します。

　8.のその他の差異額ですが、実務上は1%未満であれば許容され（0.8%など）、0.5%以内に差異原因が詰まっていれば問題ないでしょう。

1. 経営者が最低限知っておくべき、税効果会計注記のポイント　163

詰まらない場合は、5.～8.を繰り返します。ワークシートの例は以下のとおりです。

| | | | |
|---|---|---|---|
| 税引前当期純利益 | 10,000 | | |
| 法人税、住民税及び事業税 | 4,300 | | |
| 法人税等調整額 | ▲300 | | |
| 当期純利益 | 6,000 | | |
| 税負担率 | 40% | | |
| | | | |
| 法定実効税率 | | | 30% |
| | 影響する金額 | 影響する税額 | 影響する税率 |
| 交際費の損金不算入額 | 500 | 150 | 2.5% |
| 住民税均等割 | － | 20 | 0.3% |
| 評価性引当額の変動 | － | 450 | 7.5% |
| その他 | | | ▲0.3% |
| | | | |
| 税負担率 | | | 40% |

吹き出し：法人税等（4,300 － 300）／税引前当期純利益（10,000）× 100（%）＝ 40%

吹き出し：150 ÷ 当期純利益（6,000）× 100（%）＝ 25%

吹き出し：500 × 30% ＝ 150

3.の税率変更により繰延税金資産及び繰延税金負債の金額が修正されたときは、その旨及び修正額、また、4.の決算日後に税率変更があった場合の内容及びその影響については税率変更という該当事象がある際に記載する項目です。詳細な説明は、本書では割愛させていただきます。

> **ポイント**
> - 税効果会計関係注記は、財務諸表利用者が分析などで活用する情報の宝庫です。
> - 繰延税金資産及び繰延税金負債の発生原因別の主な内訳については、税務上の重要な欠損金がある場合の 2018 年に行われた基準の改正論点に気を付けることが必要です。
> - いわゆるタックスプルーフは自社の税率差異分析としても重要ですので、注記を省略できる場合も差異原因の把握、差異を詰める作業を行っておいた方が良いでしょう。
> - タックスプルーフで税負担率と法定実効税率に差異が生じる原因としては、永久差異、住民税均等割、評価性引当額の変動などが考えられます。
> - タックスプルーフの作成に当たっては、通常、表計算ソフトなどのワークシートを活用します。

## COLUMN

## 税務会計からの卒業

　税務会計という言葉があります。税効果会計などの企業会計を前提とした多くのルールには従わずに、決算書の作成を、課税所得を計算するための申告書をベースに行うものです。基本的に、一時差異の発生原因となるような引当金は、税務上損金算入が認められる範囲内での計上に留めることによって、税金計算上の調整を限りなくゼロに近づけるような形での決算書の作成となります。また、会計基準や適用指針など、企業会計上のルールについて、大半は適用しませんので、シンプルな決算書となります。

　税務会計からの卒業は、多くの場合、株式上場（IPO）を目指すタイミングで訪れる場合が多いのですが、この時、あまりに多い会計のルールの存在に気づかれ、驚く方がとても多いです。

　中でも難しいのが税効果会計です。税効果会計は、税務と会計の架け橋とも言われることが多い会計基準ですが、適用に当たってのルールを覚えることが難しいからこそ、税効果会計を実務で使えることは、税務会計から一人立ちして、企業会計の仲間入りを果たしたという証になります。こうした点では、税務実務ではなく、あくまで会計の世界に限った話ですが、ほとんど何も適用していなかった下級生の状態から、税効果会計などの適用を進めることによって、進級して上級生に成長していくことと置き換えることもできるかもしれません。

　本書を読み終わった頃には、税効果会計については、きっと皆様も上級生の扉を開けていることでしょう。

# 第7章
# 税効果会計と計算書類

## 1. 計算書類で使用される税効果会計

　税効果会計は、適用される法律が金融商品取引法であれ、会社法であれ適用されますが、計算書類への別途の対応が特段必要なわけではなく、基本的に財務諸表の表示に当たっては、記載は同じになります。

　税効果会計基準一部改正に沿った形で、会社計算規則もあわせて改正されており、繰延税金資産は投資その他の資産、繰延税金負債は固定負債に記載されることになっています（会社計算規則第74条第3項第4号、第75条第2項第2号、第83条）。

　改正によって流動項目の表示がなくなっても、従来からの経営指標の計算や分析結果から大きくかい離することはありません。しかし、B/Sの計上箇所が固定資産又は固定負債となったので、経営者としては、多少経営指標に変動があるのだな、と理解ください。

　ただし、「第6章　税効果会計と注記表」で説明した注記表の改正点については、会社計算規則上の変更はありませんでした。このため、現状では新設された税効果会計基準一部改正に従った注記表の開示義務があるものは、主に有価証券報告書に委ねられることとなります。

　図7-1は計算書類の場合の表示例です。

## 図7-1 税効果会計に関するB/Sの表示例

(資産の部)

| 科　　目 | 金　　額 |
|---|---|
| （資産の部） | |
| 流動資産 | |
| 　… | |
| 固定資産 | |
| 　… | |
| 　投資その他の資産 | |
| 　　… | |
| 　　繰延税金資産 | ×××　 |
| 　　… | |
| 資産合計 | ×××　 |

(負債の部)

| 科　　目 | 金　　額 |
|---|---|
| （負債の部） | |
| 流動負債 | |
| 　… | |
| 固定負債 | |
| 　… | |
| 　　… | |
| 　　繰延税金負債 | ×××　 |
| 　　… | |
| 負債合計 | ×××　 |

　図7-1では、繰延税金資産と繰延税金負債の双方に表示されているように見えますが、単体の計算書類では、繰延税金資産と繰延税金負債の金額については、その差額を繰延税金資産か繰延税金負債として固定資産又は固定負債に表示しなければなりません（会社計算規則第83条）。差額のみですので、次の図のように繰延税金資産か繰延税金負債のいずれかに純額で表示する、という意味です。

| 繰延税金資産・繰延税金負債の金額 | 表示科目 |
|---|---|
| 繰延税金資産　＞　繰延税金負債 | 繰延税金資産（固定資産の投資その他の資産） |
| 繰延税金資産　＜　繰延税金負債 | 繰延税金負債（固定負債） |

また、P/Lの表示例は図7-2のとおりです。

### 図7-2　税効果会計に関するP/Lの表示例

（P/L）

| 科　　目 | 金　　額 | |
|---|---|---|
| 売上高<br>… | | |
| 税引前当期純利益<br>法人税、住民税及び事業税<br>法人税等調整額<br>当期純利益 | <br><br>×××<br> | <br><br>×××<br> |

## (1)　税効果会計に関する注記

計算書類で税効果会計に関する注記が必要な場合は図7-3のとおりです（会社計算規則第98条）。

### 図7-3　計算書類の税効果関係注記

| 注記名 | 会計監査人設置会社 | 会計監査人設置会社以外の株式会社（公開会社） | 会計監査人設置会社以外の株式会社（公開会社以外） | 連結計算書類 |
|---|---|---|---|---|
| 税効果会計に関する注記 | ○ | ○ | | |

会計監査人設置会社であれば記載を要する注記です。また、連結計算書類の注記は必須ではありません。なお、会計監査人設置会社以外の場合については、公開会社という言葉が出てきます。これは、定款で株式

の譲渡承認を必要とする旨の定めを設けていない株式会社（会社法第2条第1項第5号）のことを指します。この定めを設けている会社のことを会社法上、公開会社でない株式会社といいます。一般的には非公開会社といわれています。会社法でいう公開会社というのは、証券取引所で株式の売買が可能になっている上場会社とは異なりますので、その違いに注意しましょう。

　計算書類の税効果会計に関する注記で求められるのは、重要ではないものを除く、繰延税金資産及び繰延税金負債の発生の主な原因の注記です（会社計算規則第107条）。記載は例えば、「繰延税金資産の発生の主な原因は、賞与引当金の否認……等であり、繰延税金負債の発生の主な原因は、……等です。」というような文章形式での記載を行うことで足ります。ということは、「第6章　税効果会計と注記表」で示したような表の作成は必須ではないということですね。

　しかし、実務上は税効果会計に関する各基準に準じて表形式での原因別の記載を行うことも多くなっています。なぜかというと、上場会社などの場合には、有価証券報告書の作成のために表形式での記載を行うように準備しており、これと整合させるものを会社法の開示上も用意していると考えられるからです。例えば、図7-4のような記載が考えられます。

### 図7-4 繰延税金資産及び繰延税金負債の発生の主な原因別の内訳

| | 当連結会計年度<br>(××年3月31日) |
|---|---|
| 繰延税金資産 | |
| … | ××× 百万円 |
| その他 | |
| 繰延税金資産小計 | |
| 評価性引当額 | |
| 繰延税金資産合計 | |
| 繰延税金負債 | |
| … | |
| その他 | |
| 繰延税金負債合計 | |
| 繰延税金資産の純額 | |

「第6章 税効果会計と注記表」で説明した注記表については、税効果会計基準一部改正に従って、税務上の欠損金が重要であるときの記載などが求められるようになりましたが、会社計算規則では注記表に関する改正論点はありません。ただし、実務上、表形式での内訳を記載することが考えられる点からすると、図7-5で示す見本のように、第6章で説明した有価証券報告書ベースの税効果会計関係注記と整合させるという開示例もあるのではないかと予想されます。

### 図 7-5　繰延税金資産及び繰延税金負債の発生の主な原因別の内訳

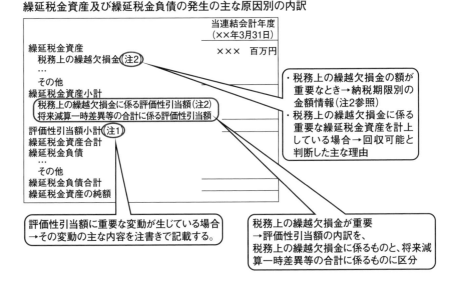

（注2）　税務上の繰越欠損金及びその繰延税金資産の繰越期限別の金額

|  | 1年以内<br>（百万円） | 1年超<br>2年以内<br>（百万円） | 2年超<br>3年以内<br>（百万円） | 3年超<br>4年以内<br>（百万円） | 4年超<br>5年以内<br>（百万円） | 5年超<br>（百万円） | 合計<br>（百万円） |
|---|---|---|---|---|---|---|---|
| 税務上の繰越欠損金（＊1） | － | － | ××× | － | － | － | ××× |
| 評価性引当額 | － | － | ▲××× | － | － | － | ▲××× |
| 繰延税金資産 | － | － | ××× | － | － | － | ××× |

＊1　税務上の繰越欠損金は、法定実効税率を乗じた額です。

　会社計算規則で求めている税効果会計に関する注記は、繰延税金資産と繰延税金負債の発生の主な原因の注記ですので、いわゆるタックスプルーフの注記は計算書類では開示の必要がありません。

## (2) 決算短信と税効果会計

　決算短信における表示科目についても、金融商品取引法、会社法と大きく異なる論点はありませんので、特に気にすることはありません。迅速性を重視する決算短信の性格から、税効果会計注記は必須とはされていませんので、会社の状況や必要性に応じて記載することになります。

> **ポイント**
> ・計算書類の繰延税金資産と繰延税金負債の表示科目は会社計算規則の改正により、それぞれ資産の部の投資その他の資産、負債の部の固定負債の項目となっており、税効果会計基準一部改正と整合します。
> ・注記表では重要でないものを除く、繰延税金資産及び繰延税金負債の発生の主な原因の記載が求められますが、有価証券報告書での開示と比べると、タックスプルーフが求められていないこと、表形式による原因別の内訳までは必須でないことなどから、簡便な開示でも足りると考えられます。
> ・決算短信についても特に論点となることはなく、注記も必須ではありません。

## COLUMN

## 有価証券報告書を読む力

　役員の方であれば、計算書類、招集通知、有価証券報告書など決算書類の内容を承認する機会があり、取締役会で目にする、触れる機会は多いはずです。ただ、内容を理解している方、読むことのできる方となると、役員の方であっても決して多くはないでしょう。

　決算書類の中でも、特に、有価証券報告書には、グループを含む企業の現状、将来のリスク情報、役員や株主の情報などの豊富な企業情報が掲載されます。財務諸表の他にも会社の生きた情報として得られるものが多く、アナリスト、株主、投資家だけでなく、取引先、就職を控える学生などにも活用いただきたいほどの情報の宝庫です。

　情報公開する企業にとって有価証券報告書とは、この機会に良い情報も潜在的なリスクもオープンにするので、もっと安心して当社とお付き合いください、という重要なメッセージが込められているものでもあります。役員の中には、財務諸表は専門外だから、有価証券報告書は管理部門が中心となって作成したものだから、というお考えの方もいらっしゃるかもしれませんが、有価証券報告書を発行する企業の役員になるからには、少なくとも自社の有価証券報告書が読める、理解できるというレベルには到達していないといけません。

　税効果会計の知識は数多くの会計基準の中でも難解な分野になりますが、そのベーシックな考え方を身につけるだけでも、有価証券報告書を読むために十分な力がつきます。少しずつ階段を上がるようにして、計数感覚が磨かれていることを実感しながら、読み進めるとよいでしょう。

# 第8章
# 連結と税効果会計

# 1. 単体財務諸表と連結財務諸表の税効果会計

　税効果会計は、考え方や仕組みなどの根本の理屈が難しく、単体の財務諸表提出会社を前提とした説明をこれまで行ってきました。しかし、上場会社のような有価証券報告書提出会社の場合、多くは連結財務諸表提出会社です。この章では、経営者が連結財務諸表提出会社として実務上気を付けておくべき点などについて説明します。

## (1) 財務諸表の表示科目

　単体の財務諸表では、繰延税金資産と繰延税金負債を相殺して純額で表示するということが求められています。このため、B/Sの表示科目は、繰延税金資産か繰延税金負債のどちらか一方のみが表示されているはずです。

　連結財務諸表が異なるのはこの点です。正確には "**異なる納税主体**" といいますが、例えば、連結納税制度を導入していない同じ企業グループ内の子会社でも税効果会計を適用している場合、親会社のB/Sに繰延税金資産、子会社のB/Sに繰延税金負債がある場合、両者は異なる納税主体に該当するので会社間の科目の相殺、つまり純額での表示はできないという決まりとなっています。

　異なる納税主体の繰延税金資産と繰延税金負債がある場合は、両者をを相殺しないで表示し（税効果会計基準一部改正第2項2）、繰延税金資産と繰延税金負債の金額については、異なる納税主体分を除いた差額だけを繰延税金資産又は繰延税金負債として固定資産か固定負債に表示しなければならない（会社計算規則第83条）とされているのが、会計基準や会社計算規則の言葉です。

ここで、"納税主体"の意味ですが、納税申告書の作成主体（税効果会計適用指針第4項(1)）のことで、連結納税制度を導入していない連結財務諸表提出会社の場合は、グループ会社（子会社など）のことと思っていただいて構いません。なお、連結納税を導入している会社の場合は、法人税について同一の納税主体になりますので、この部分については、単体と同じく相殺表示を行うことになります。

　図8-1では、連結財務諸表の提出会社である親会社A社と連結子会社のB社の2社が企業集団（グループ）であるとした場合の例です。連結納税を導入していない会社であった場合、A社では相殺表示の結果として繰延税金資産が残り（A社繰延税金資産5,000－A社繰延税金負債200＝4,800の繰延税金資産）、B社では相殺表示の結果繰延税金負債が残りました（B社繰延税金負債1,200－B社繰延税金資産400＝800の繰延税金負債）。この場合、異なる納税主体に該当するA社、B社のこれ以上の相殺は実施せず、A社とB社個社のみで相殺表示を行った額をそのままB/Sに計上します。このため、連結財務諸表では、繰延税金資産と繰延税金負債の両方に表示される場合もあるということになります。

## 図 8-1 財務諸表の相殺表示（連結）

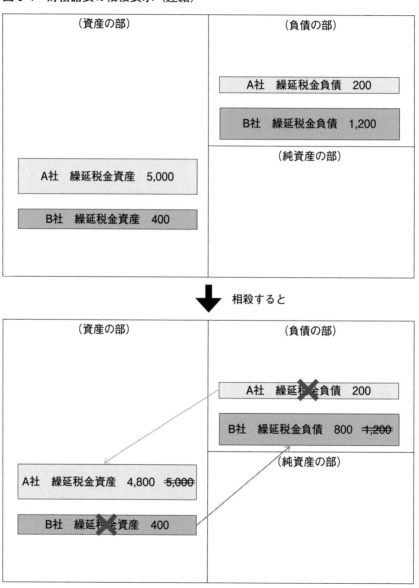

1. 単体財務諸表と連結財務諸表の税効果会計　181

> A社の繰延税金資産4,800、B社の繰延税金負債800は異なる納税主体から生じたものですので、相殺せず、両者が残ったまま表示されます。

　これらの結果を受けたP/Lの法人税等調整額で調整される手順については、連結財務諸表と単体の財務諸表とで異なりませんので、特に気にすることはありません。

　ただし、連結財務諸表作成会社では、連結財務諸表固有の一時差異が生じます（税効果会計適用指針第4項(5)）。例えば、課税所得の計算には関係しないのですが、連結手続の結果として、連結財務諸表のB/Sの資産や負債と、連結会社の個別財務諸表のB/Sの資産や負債とでズレが生じるので、差異発生年度と解消年度の利益の調整をしよう、というものなどが考えられます。連結財務諸表固有の一時差異については、本書では詳細を説明しませんが、単体の税効果会計の適用と同じく、ズレ

を認識した結果に応じて、税効果会計の適用を通じて調整するという手続をとります。

　経営者としては、連結財務諸表作成過程においても税効果会計を適用すべき事由が生じているのだ、という程度で押さえておけば十分です。

> **ポイント**
> ・連結財務諸表の B/S 表示科目については、連結納税制度を適用しない会社の場合、グループ各社で生じた繰延税金資産と繰延税金負債は、同じグループ内ですが相殺表示をせず、各社の残高をそのまま計上します。このため、連結財務諸表提出会社の場合は、繰延税金資産と繰延税金負債の両方が計上されていることもあります。
> ・連結手続の過程で生じる連結財務諸表作成会社特有の一時差異がありますが、差異の認識後の税効果会計の適用に当たっての手順は、単体の税効果会計への適用のパターンとさほど異なりませんので、まずは、個別財務諸表の税効果会計をしっかり押さえておくことが良いでしょう。

## 2. 関係会社がある場合、税効果会計に関して経営者が気にしておくべきこと

　税効果会計の適用では、やはり連結財務諸表提出会社（通常は親会社）の税効果会計の動向が気になります。しかし、連結財務諸表全体で考える際には、グループ各社の税効果会計の状況についても把握することが大切です。

　関係会社があっても親会社と同じことがいえますが、分類や回収可能性の程度によって、繰延税金資産を計上できる程度が異なります。ここでもまた、将来の解消見込み、税額を減額できる範囲を超えていないことなどを毎期検討しておく必要があり、グループの1社であっても繰延税金資産の取崩しという事態になれば、グループ全体の業績悪化の要因の一つにもなることくらいは頭に入れておかなければなりません。

### (1) 関係会社の税効果会計の適用状況を把握しておく

　経営者としては、グループ各社の税効果会計の細かい適用状況まで把握する必要はありません。しかし、各社の分類、繰延税金資産と繰延税金負債の金額、評価性引当額の内容、タックスプルーフを使った税負担率と法定実効税率との差異の状況や内訳などを整理しておき、税効果会計の適用状況に応じたグループの潜在的な業績変動リスクについて常に認識しておくことも経営者の大切な仕事の一つです。例えば、図8-2に記載した点などに気をつけておくとよいでしょう。

### 図8-2　関係会社の税効果会計の適用状況の把握

| 項　　目 | 気にしておくべきこと |
|---|---|
| 法定実効税率 | グループ各社の法定実効税率を把握します。税率が下がる可能性がある関係会社を持つ場合、税率が下がる分、繰延税金資産の計上額が減額し当期純利益の下落リスクがあります。 |
| 分類 | 単体の会社分類は基本的にグループ各社で判断します。各社の分類が安定していれば良いのですが、分類を変更する関係会社がある場合は、繰延税金資産の回収可能性の程度にも影響するため、結果として業績の変動に影響を与える可能性があります。 |
| 税率差異 | 国内の中小法人を関係会社に持つ場合など、税が軽減されていることがあります。この軽減分も法定実効税率との差異につながりますので、税率差異分析（タックスプルーフ）の過程で考慮する必要があります。 |
| 繰延税金資産の額 | 潜在的に取崩しのリスクを負っているともいえますので、計上額を確かめる、注記情報の原因別の主な内訳やタックスプルーフを確認するなど、現在計上している金額について、今後の解消見込などを確認しておきます。 |
| 関係会社の意思決定の有無 | 税効果会計には、意思決定に伴い、一時差異が発生する、解消する項目があります。グループ各社の経営陣も親会社の経営者と同じく、最低限、税効果会計の概要だけでも把握しておく必要があります。また、日頃から可能な限り関係会社からの意思決定状況を吸い上げておく必要もあります。 |

　連結財務諸表提出会社として、情報を的確に吸い上げることは有益ですので、図8-2に限らず、税効果会計の適用全般に当たって、情報入手に努めることは言うまでもありませんが、基本的な考え方は単体の財務諸表に計上される税効果関係の表示科目を決めるプロセスに集約されますので、それが連結財務諸表になっても大きく変わるものではありません。

> **ポイント**
> ・連結財務諸表作成会社として管理する関係会社の情報の中にも税効果会計に関する情報がたくさんありますので、常に最新の状況を的確に把握しておくことが望まれます。

## COLUMN

## 税効果会計はなぜ難しいのか

　税効果会計は難しい、という声を多く聞きます。私自身も、学べば学ぶほど難しさを感じる一人です。難しい理由を考えると、会計基準や適用指針の理論構成や手順が複雑なのは当然なのですが、やはり「会計上の見積り」の要素をもっていることが要因の一つです。

　財務諸表が確定した事実ばかりの集合体で作成されているのであれば、有る・無しの事実のみで判断がしやすいです。しかし、会計には、会計上の見積りといって、将来において特定の事象が起こると予測される場合に、現時点では確定までに至っていないため不確実性は残るものの、今わかっている情報をかき集めると、比較的確度の高い金額の算定が可能なので、そのような状況を財務諸表にも反映させようという考え方があります。そのためには、経営主体である企業自身が、情報源の入手、意思決定の有無の確認、発生可能性の検討、など様々な角度から判断することが必要となります。また、金額を算定するための方法、計算過程や結果が合理的であるか、という視点での理屈づけも必要な実務上の対応が難しい世界です。

　会計上の見積りは、減損、引当金といった会計分野が対象となりますが、これらの理論構成は相当難解なものです。また、こうした項目の中で計算された結果は、必ずといっていいほど、税金計算上は認められず、会計と税務でズレが生じます。ということは、大体、税効果会計の対象となるということです。

　税効果会計自体が難しく、また、会計上の見積りという世界観の中で生じた他の会計分野とも関連するためさらに難しく感じ、税効果会計が会計と税務をつなげる世界なので双方の知識も必要という始末。税効果会計が分かるということは、難解な会計分野の全てをマスターする、という境地に達することなのかもしれません。

# 第 9 章
# 会計基準と税効果会計

# 1. 会計基準の新設、改正に伴う税効果会計の影響

　会計基準の新設や改正があると、税効果会計の財務諸表の表示科目や注記情報に影響を与えます。特に、最近は国際的な会計基準との関係や整合性を図る観点からの改正がされており、税効果会計においても開示の充実という流れを受けての改正の可能性が今後もあることを理解しておく必要があります。

　この章では、最近の改正動向についての説明を行い、それが税効果会計にどのような影響を及ぼしているかを説明します。

## (1) 新基準や改正基準

　2018年2月16日に公表された主な新基準や改正基準は次のとおりです。

・「税効果会計に係る会計基準」の一部改正

　既に公表されている税効果会計基準のうち、財務諸表の表示科目に関する項目や注記情報の改正を盛り込んだ内容となっています。

・税効果会計に係る会計基準の適用指針

　既に公表されている「連結財務諸表における税効果会計に関する実務指針」、「個別財務諸表における税効果会計に関する実務指針」、「税効果会計に適用する税率に関する適用指針」、「税効果会計に関するQ&A」などの情報を1つの指針にまとめながら、文章の表現や用語について所々変えているものですが、実質的な改正というほどのものではなく、これまでの情報を集約したといった方がイメージとして適切です。

　図9-1に最近の税効果会計関係の会計基準の改正を要約しました。

1. 会計基準の新設、改正に伴う税効果会計の影響　189

図9-1　税効果会計関係の会計基準の改正（2018年2月16日）

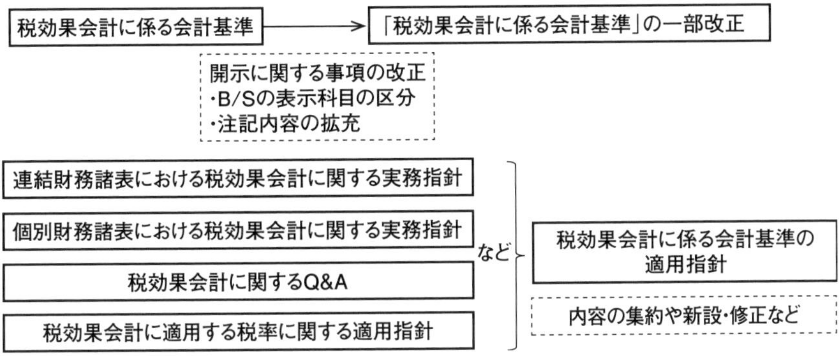

```
税効果会計に係る会計基準 ──→ 「税効果会計に係る会計基準」の一部改正
                            ┌──────────────────────┐
                            │ 開示に関する事項の改正      │
                            │ ・B/Sの表示科目の区分      │
                            │ ・注記内容の拡充           │
                            └──────────────────────┘

連結財務諸表における税効果会計に関する実務指針
個別財務諸表における税効果会計に関する実務指針    ┐       税効果会計に係る会計基準の
税効果会計に関するQ&A                          ├など    適用指針
税効果会計に適用する税率に関する適用指針          ┘       ┌──────────────────┐
                                                     │ 内容の集約や新設・修正など │
                                                     └──────────────────┘
```

以下では、これらの改正のうち、実務上大きく対応が変わる点のみピックアップして説明します。

## (2) 財務諸表の表示科目

繰延税金資産と繰延税金負債というB/Sの表示科目について、従来は流動項目と呼ばれる流動資産、流動負債にもこれらが計上されることがありました。

2018年2月の改正では、国際的な会計基準と整合する考え方をとって、繰延税金資産と繰延税金負債をそれぞれ固定資産（投資その他の資産）、固定負債としました（税効果会計基準　第三1.、税効果会計基準一部改正第2項）。経営者としては、単に税効果会計のB/S表示科目は固定資産か固定負債に記録されるのだな、という程度の理解で十分です。

なお、連結財務諸表においては、異なる納税主体の繰延税金資産と繰延税金負債の金額については相殺せず、そのままの額を表示します。このため、連結財務諸表では、図9-2のように繰延税金資産と繰延税金負債が両方計上されているという可能性があります。

## 図 9-2　税効果会計に関する財務諸表の表示（連結）

| | N1期 |
|---|---|
| 資産の部 | |
| 　流動資産 | |
| 　　… | |
| 　　… | |
| 　固定資産 | |
| 　　… | |
| 　　投資その他の資産 | |
| 　　　… | |
| 　　　繰延税金資産 ←A社分 | 4,800 |
| 　　　… | |
| 　固定資産合計 | |
| 資産合計 | |

| | N1期 |
|---|---|
| 負債の部 | |
| 　流動負債 | |
| 　　… | |
| 　　流動負債合計 | |
| 　固定負債 | |
| 　　… | |
| 　　繰延税金負債 →B社分 | 800 |
| 　　… | |
| 　負債合計 | |
| 純資産の部 | |
| 　株主資本 | |
| 　　… | |
| 　　利益剰余金 | |
| 　純資産合計 | |
| 負債・純資産合計 | |

単体では、繰延税金資産と繰延税金負債とが相殺され、いずれかしか表示されません。ところが、上図のように、連結財務諸表では、A社の繰延税金資産4,800、B社の繰延税金負債800という異なる納税主体から生じたものがある場合には相殺せず、両者が残ったまま表示されます（連結納税制度を導入していない場合の例）。
会計基準の改正後は、表示箇所は、個別でも連結でも固定資産（投資その他の資産）又は固定負債です。

### (3) "原則として"の削除

　連結財務諸表で異なる納税主体の繰延税金資産と繰延税金負債とは相殺しませんが、この相殺について、従来の基準では、原則として相殺しないとしてきました。2018年2月の改正では、従来の基準で「原則として」とされていた表現が削除されました（税効果会計基準　第三2、税効果会計基準一部改正第2項）。この「原則として」という言葉がなくなったということは、異なる納税主体の分は原則・例外の区別なく相殺しない、ということを表します。

## (4) 注 記 情 報

「第6章　税効果会計と注記表」で説明しましたが、注記情報については開示の充実性の観点もあり、税務上の重要な欠損金がある場合の追加の開示項目の要請がされるなどの改正がなされています。

注記情報自体が、財務諸表の利用者にとって分析に使用できる貴重な情報源なのですが、開示の充実によって、利用者が知りたい評価性引当額の内訳、期限別欠損金の内容などが提供されることになります。「重要な」ものに限られるようなキーワードがあるだけに、追加の開示を求められるケースはあまりみられず詳細な開示が出ない可能性もありますが、改正論点ですので、経営者としても、改正動向の把握という意味で知っておくとよいでしょう。

注記内容については、既に第6章で説明していますので、ご確認ください。開示例としては図9-3に示したとおりです。

## 図 9-3

**繰延税金資産及び繰延税金負債の発生原因別の主な内訳**

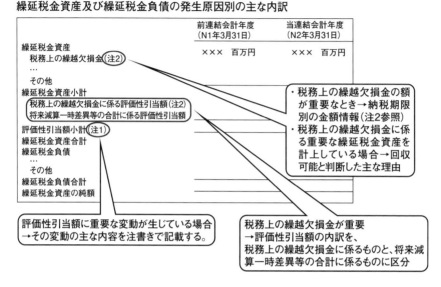

(注2) 税務上の繰越欠損金及びその繰延税金資産の繰越期限別の金額

| | 1年以内<br>(百万円) | 1年超<br>2年以内<br>(百万円) | 2年超<br>3年以内<br>(百万円) | 3年超<br>4年以内<br>(百万円) | 4年超<br>5年以内<br>(百万円) | 5年超<br>(百万円) | 合計<br>(百万円) |
|---|---|---|---|---|---|---|---|
| 税務上の繰越欠損金(＊1) | − | − | ××× | − | − | − | ××× |
| 評価性引当額 | − | − | ▲××× | − | − | − | ▲××× |
| 繰延税金資産 | − | − | ××× | − | − | − | ××× |

＊1 税務上の繰越欠損金は、法定実効税率を乗じた額です。

> **ポイント**
> ・最近は開示の充実を図るための改正が多く、自社に関連する内容については概要だけでも知っておくと有益です。
> ・財務諸表の表示科目では、固定資産（投資その他の資産）と、固定負債の区分に表示される点が大きく変わった改正点ですが、実務上、大きく影響するわけではありません。
> ・注記情報は、税務上の重要な欠損金がある場合の改正がありました。

## COLUMN

## 経営者の倫理観と公認会計士の使命

　経営者は言うまでもなく重責です。その責任を果たしながら、企業を導き続けるリーダーシップをもち、素晴らしい方もたくさんいらっしゃいます。しかし、誰もがなることのできないポジションがゆえに、その地位や立場を利用して、ごく稀にですが、経営者自らが内部管理体制を無力化し、粉飾や不正を働くケースがあることは残念でなりません。

　会計監査の世界には「経営者による内部統制の無効化」という言葉があります。優れた人材を育成し、不正や誤りのない仕組みを作ったとしても、トップ自らが、部下に指示をして、ばれないように隠れて、他人からの正しい忠告や助言を聞かないで行為に及んでしまえば、立場や地位を利用して、約束事や仕組みを簡単に破ることができてしまう、無いものにしてしまうことができる、という意味です。

　会計の世界には、経営者の判断の有無が会計上の効果に影響を与えるものが増えています。税効果会計もその一つです。問題が起こるたびに、業界全体の糧にして、会計を正義のために活用される経営者ばかりになることを願っています。

　同時に、公認会計士、その独占業務である会計監査を組織的に行う監査法人の役割や責任の在り方についても、現役の公認会計士の一人として考えさせられます。

　会計監査は不正の発見を第一の目的にするものではないですが、多額の監査報酬などは、社会からの期待の裏返しでもあります。

　本来、経営者や企業の意思が行動となり、その結果が数値となって現れるまでのプロセス、つまり、ビジネスそのもの、お金の流れそのものこそ、会計監査に通ずる大事な情報源のはずです。しかし、最近の公認会計士や監査法人は会計監査人というよりもチェッカーパーソン（チェックするだけの人）という呼び方の方が適するくらいに、財務諸表や数字の誤りを発見することだけを目的としてしまい、企業、ビジネス、経営者を置き去りにしてはいないでしょうか。重要性、監査の限界という言葉も使い方によっては、社会に対する責任からの逃避と取られても仕方がないかもしれません。

　社内で上司や経営者に上げにくい情報、伝えづらい情報はどの企業でも大なり小なりあると肌で感じてきました。社外役員や監査法人という第三者の立場、独立した立場で意見できる存在の必要性、重要性が増していますが、期待と失望は紙一重、もっとしっかりしなさい、という声なき声を受け止め、社会の期待に応えること、説明責任を果たすことが、会計を担うものの使命です。

〈著者紹介〉

荻窪　輝明（おぎくぼてるあき）

公認会計士・税理士・日本証券アナリスト協会検定会員・CFP認定者
1977年生。東京都出身。立命館大学法学部卒業後、証券会社、監査法人、コンサルティング会社で勤務。日本公認会計士協会近畿会役員として組織内会計士委員会委員長、会員業務推進部長を務める。現在、荻窪公認会計士事務所所長・太陽グラントソントン税理士法人ディレクター。

週刊経営財務「注記実務の留意点」会計方針の変更・未適用の会計基準等、有価証券報告書基礎マスター講座やキャッシュ・フロー計算書スキルアップ講座（税務研究会）など執筆・講演多数。現在のテレビ出演に、滋賀経済NOW（びわ湖放送）、過去の出演に、超安心！リスク大事典身近な危険を回避せよ（テレビ東京系全国）など。

本書の内容に関するご質問は、ファクシミリ等、文書で編集部宛にお願いいたします。(fax 03-6777-3483)
なお、個別のご相談は受け付けておりません。

経営陣に伝えるための
「税効果会計」と「財務諸表の視点」

平成31年3月19日　初版第1刷印刷　　　　　（著者承認検印省略）
平成31年3月29日　初版第1刷発行

　　　　　　　　　　　　　　Ⓒ　著　者　荻　窪　輝　明

　　　　　　　　　　　　　　発行所　税務研究会出版局
　　　　　　　　　　　　　　　　週刊「税務通信」「経営財務」発行所

　　　　　　　　　　　　　　代表者　山　根　　毅

郵便番号100-0005
東京都千代田区丸の内1-8-2
　　　　　　鉄鋼ビルディング
振替00160-3-76223
電話〔書　籍　編　集〕　03(6777)3463
　　〔書　店　専　用〕　03(6777)3466
　　〔書　籍　注　文〕　03(6777)3450
　　　（お客さまサービスセンター）

●　各事業所　電話番号一覧　●
北海道 011(221)8348　　神奈川 045(263)2822　　中　国 082(243)3720
東　北 022(222)3858　　中　部 052(261)0381　　九　州 092(721)0644
関　信 048(647)5544　　関　西 06(6943)2251

当社HP → https://www.zeiken.co.jp

乱丁・落丁の場合はお取替え致します。　印刷・製本　㈱光邦
ISBN978-4-7931-2434-1

# 週刊 税務通信 データベース付き

**週刊 税務通信（データベース付き）** （週刊税務通信と税務通信データベースのセット契約）
**51,840円（税込）**
※平成30年3月現在の金額となります。

## 最新の税務系法令・通達を収録【72本】※
※平成30年3月現在

### 法律・政省令・通達を網羅。

法人税法関係、所得税法関係、租税特別措置法関係、消費税法関係、相続税法関係、国税通則法関係、地方税法関係、会社法関係、財産評価基本通達、耐用年数通達…etc

### 記事内のリンクをクリック、その場で確認！

記事本文、条文に関連法令の記述がある場合、該当する法令ページに直接リンクが張られています。（法令は法令集に収録されているもの）

### 改正履歴もすぐわかる！

記事本文から法令集へのリンクは年度別に指定されているため、新法と旧法の比較も簡単にできます。

### 条文がスラスラ読める！括弧編集機能付き！

条文のかっこを、一時的に非表示にする機能、階層ごとに色分けする機能があります。

その他、新旧対照表も収録。法令集内で条番号指定検索もできます。

**お問合せ お申込先**
株式会社 税務研究会
お客さまサービスセンター
〒100-0005 東京都千代田区丸の内1-8-2 鉄鋼ビルディング
https://www.zeiken.co.jp
TEL.03-6777-3450